戦国史記

風塵記・抄

―本能寺から山崎、賤ヶ岳へ―

福地順一

鳥影社

戦国史記

風塵記・抄

――本能寺から山崎、賤ヶ岳へ――

目　次

本能寺の変……5
備中髙松……31
中国大返し……49
その後の光秀の動き……63
山崎の戦い……73
清洲会議……87

賤ヶ岳前哨戦……101
賤ヶ岳の戦い（その1）……115
賤ヶ岳の戦い（その2）……135
終章（大坂築城）……155
資料編……163
○関係略年譜……163
○参考文献……167
あとがき……176

本能寺の変

一

天正十年（一五八二）五月二十七日、明智光秀はわずかな供廻りを連れて居城亀山城を出、丹波口から愛宕山に登った。

その山は標高九百二十四メートル。丹波と山城の国境にあり、山頂には勝軍地蔵を祀る愛宕神社がある。光秀は戦勝祈願と称し、愛宕山に詣でたのである。

山は全山緑一色。梅雨時の雨を含んで、樹々は一層その緑を濃くしていた。

光秀は本殿にあって二・三回大きく息を吸い、波打つ心を鎮めた。そして心に秘するものを打ち明け、神にご加護を仰いだ。

それから別棟の太郎坊御前で、目を瞑り雑念を払って神籤《みくじ》を引いた。

と、光秀の顔は微妙に陰り神経質な色に変わっていく。

改めて神籤を引いた。それも当人の期待するものではなかった。続けざまに三度目の神籤を引いた。さすがに神も哀れみを覚えたのか、光秀の思う念に同情を寄せてくれた。光秀はその日同山に一宿参籠し、まんじりともしない夜を過ごした。

翌日もどんよりとした曇り空である。

この日は西坊《にしのぼう》威徳院で百韻興行の連歌会《れんがえ》を催すことになっている。当時、戦勝祈願のための奉納連歌がよくこの愛宕山で行われていた。光秀は主君織田信長から、備中高松で毛利勢と対陣中の羽柴秀吉を救援するよう命を受けていたので、それで胸裏に期するものがありこの会を催すことにしたのである。そのために友人であり連歌の第一人者である里村紹巴を呼んでいた。紹巴一行は京都清滝口から登って来ていた。

連衆《れんじゅ》（集う者）は、主客明智光秀、宗匠里村紹巴、同門弟昌叱、心前、兼如、それに愛宕山西坊威徳院院主行祐、同山上坊《かみのぼう》大善院宥源、そして光秀長男光慶《みつよし》、光秀寵臣東六郎兵衛行澄の九人。形としては「亭主」（主宰者）は威徳院の行祐法印であり、光秀は亭主に招かれた「客」ということになる。行澄は会の執筆《しゅひつ》（書記）を務めた。

まずは主客である光秀が発句を詠む。

時は今あめか下なる五月哉

宮内庁書陵部蔵の「続群書類従　連歌部」にはそうある。「今は五月雨《さみだれ》が降りしきる五月である。」という意である。

この「あめか（が）下なる」が「あめか（が）下しる」であるとする伝本もある。しかしこれでは「天《あめ》が下し（領）る」ともなり、天下を統治するという意になる。「時」は光秀の出自「土岐」にもつながるので、この句は「土岐氏の出である明智光秀が今、天下を治める」という願をかけたのだと解釈する人もいる。しかし、これは少しうがち過ぎというものであろう。まだ重臣にも打ち明けていない大事を、連衆にもわかる形で表明することはありえない。「下なる」がもともとの形なのである。しかし、「時は今」に光秀の本心が隠されていることは確かであろう。

さて、第二句目の脇句は、水上まさる庭の夏山、と行祐が付けた。「川上から流れてくる水音が高く聞こえる夏の築山の姿よ」という意になる。

行祐は会場提供者でありホスト役である。当時の連歌の作法として、脇句は亭主が付けることになっている。

第三句は宗匠紹巴である。紹巴は前の句を受けて

花落る池の流れをせき留て、と付け句した。池の流れをせきとめるようにして、花が散っている様を詠んでいるのである。

こうして五・七・五の上の句と七・七の下の句を交互に詠み続け、最後の百句目となったところで、この百韻の連歌会は終わる。

百句目の挙げ句は、国くは猶長閑《のどか》なる時、であった。七・七にめでたく結んだ結句は明智光慶（光秀嫡男）の手になる。いかにも戦勝祈願と称するにふさわしい平和な世界を詠みあげている。こうして光秀は「愛宕百韻」と、黄金五十枚鳥目《ちょうもく》五百貫を神前に奉納し、その日の夕刻丹波亀山の居城に帰った。

二

天正十年（一五八二）六月一日、この日城中は備中への出陣準備に大忙しであった。

その日の夕方、光秀は重臣明智秀満（通称弥平次）、斎藤利三《としみつ》、明智光忠、藤田伝五、

溝尾勝兵衛の五人を奥書院の居室に呼び、初めて心中の大事を打ち明けた。主君信長を討つというのである。

五人の表情に驚愕の色が走った。皆なは最初疑念や反対の意を表したが、しかし光秀の決意は変わらない。

最後に秀満（弥平次）が言う。

「そこまでご決心なさる以上、吾々は殿のご意向に従うのみ。殿がお一人胸中にご決心なされようとも『天知る、地知る、我知る、人知る』と申すたとえもございます。ましてや五人の者に仰せ聞かせられた上は、ご決心を断念なさることは全くご無用でござる」

『川角《かわすみ》太閤記』巻一にはこうある。「弥平次進出て申様子は御一人御胸に思召立候とも天志る地志る我志る人志ると申たとへの御座候にましてや五人の者に被仰聞せ上は思召被留事全御無用に候」

他の四人も秀満の言の意味するものに深くうなずき、それに賛同した。この年三月頃からの光秀と主君信長との確執を薄々感じるようになっていたからである。ここに議は一決する。牛頭《ごず》天王のご印を押した誓紙を差し出し、光秀に従うことを約束したのである。後は軍議である。これは短時間で終わった。

光秀の信長を討つという理由は大略次のようなものであった。

「皆なも知っての通り、五月十七日に羽柴秀吉からの救援要請が安土にあって、同日上様から武田勝頼攻めで大功のあった徳川家康公の馳走役を免じられ、代わって中国出陣の命を安土で受けた。それから間もなくの五月の二十日になると、わが坂本城に上使青山与三が来、中国の出雲・石見二国を斬り取り次第に与えるとの命も受けた。しかし、代わりに丹波一国と近江滋賀郡は召しあげるというのである。

これはやはり全くもって理不尽、到底納得できない。出雲、石見はまだ毛利領である。我々は一尺《いっせき》の領土も持たない根無し草となる。信長公は一層の働きを我らに求めたのかも知れないが、しかし、最近の信長公はあまりにも冷酷非道、横暴傲慢である。

それともう一つ。五月七日に信長公はご子息神戸《かんべ》信孝様に四国出陣を命ぜられた。そのためであろう。神戸信孝名でもって、わが丹波の国侍たちに、摂津住吉に下行するよう五月十四日に触れが出されている。これは四国長宗我部攻めのための軍令であって、信長公より許可を得ての人集めなのであろう。がしかし丹波はわが領国である。予の丹波国における軍事権が剥奪されたも同然である。自分に何らの断りもなく軍令書を発給することなどは断じて許されるものではない。この件は、予が中国出陣の命を受けた五月十七日付をもって中止となったようではあるが、それにしてもこの光秀をないがしろにするにも程がある。

実はほかにもあるのだが、この二点に絞ってみても、自分としては武門の一分《いちぶん》が立ち申さぬ。信長公は今、わずかの兵を引き連れ京本能寺にいる。わが京二条屋敷その他からも確実な情報が入っている。よって信長を本能寺に討つ」というのである。

「して、その後の勝算は」との斎藤利三の言に対しては「信長を討ち果たした後は、組下（与力、信長の命により配属された部将）の細川藤孝、筒井順慶、池田恒興、中川清秀、髙山右近らに合力を願う。羽柴秀吉は中国で毛利輝元を、柴田勝家は北陸で上杉景勝を、神戸信孝は摂津住吉で長宗我部元親を前にして動けぬ状態にある。滝川一益は上野厩橋《うまやばし》におってあまりに遠いし、徳川家康は信長の近臣長谷川秀一らの接待を受け、一、三十の手勢とともに堺にいる。その間に近江、美濃、畿内を固めることはさしてむずかしいことではない。まずは安土城を押さえたら近江衆はこぞって味方する。この状況は、信長を討てという天の啓示である。事は必ず成就する。勝算は確実に我にあり」というものであった。

事実、この時点で信長は自軍を五軍団に分け、それぞれに次のような軍司令官を置き、治めさせていた。

近畿方面軍――明智光秀（丹波亀山城主）五一歳
北陸方面軍――柴田勝家（越前北庄城主）六一歳
東山方面軍――滝川一益（上野厩橋城主）五八歳
中国方面軍――羽柴秀吉（近江長浜城主）四七歳
東海方面軍――徳川家康（遠江浜松城主）四一歳

一方で、信長は三男神戸信孝（伊勢神戸城主）を司令官に丹羽長秀（若狭小浜城主）を副将に任じ、六月三日には四国に討伐軍を派遣しようと摂津住吉辺りに一万二千ほどの軍勢を集結させつつあった。それを光秀はまずは近畿方面軍単独で信長に反旗を翻し、近江、美濃、畿内を制圧した上で、天下を掌握しようというのである。

三

明智光秀の軍勢は六月一日戌《いぬ》の刻（午後八時）頃、亀山を出立した。京へと向かう理由については物頭《ものがしら》(部隊長）を通じて、全軍にこう伝えてある。

「森お乱（蘭丸）のところから『上様は京で軍勢をご覧になるので明朝早くに上られよ』との連絡が入っている。そのことを心得、武者として振るい立つように」

総勢は一万三千。先陣は明智秀満・明智光忠、第二陣は藤田伝五・溝尾勝兵衛、第三陣は光秀麾下、後陣は斎藤利三。

京までの道のりは六里(約二四キロ)。当日の夜は新月で月明かりもない。それに天は曇っていて、今にも雨が降りそうである。

途中、老の坂を越え、沓掛の在まで来た時は子の刻（午前0時）頃。そこで軍は兵糧をとった。松明《たいまつ》のまわりがほの明るいだけで、辺りは暗闇の中にある。

小休止の後、軍勢は再び動いた。沓掛から右へ行く道は西国街道に繋がり、左へ下れば京へ出る道である。馬首は道を左にとり、桂川へと下った。

光秀は桂川へ着いた時、家中へ物頭を通じてこう触れを出した。「馬の沓《くつ》を切り捨て、徒歩《かち》の者は新しい草鞋《わらじ》、足半《あしなか》（走りやすいようにかかとがない短いぞうり）に履き替えよ、鉄砲組みは火縄を一尺五寸に切り、五本用意してそのすべてに火をつけ、火元を下にせよ」

馬の藁の沓は捨てる、銃手は火縄の火先を下にして腰につける。これは臨戦態勢に入ることを意味する。軍中には緊張が走った。

桂川を渡り終えた後の触れは次のような内容のものであった。

「これから訳あって本能寺を攻める。成功は疑いなし。忠節の度合いによって、その高下を考える。みなも勇み喜べ」

詳しいことを知らされていない下々の兵たちにはある種の動揺が広がった。本能寺にいるのは誰だろう、徳川家康様ではないのかという者もいる。いや、もっと別なお偉い方ではないのかという者もいた。

しかし、軍律は厳しい。明智軍には十八カ条から成る「家中軍法」がありその第五条には、命令を守らず陣立てを乱した者は死罪、とある。

勇み立つ者、訝しむ者、中には怖じけづく者などもいて、それぞれの思惑を胸に蔵して軍勢は京へと向かった。その頃になってようやく東の空が白みはじめていた。

本能寺は四条西洞院《にしのとういん》にある。日蓮宗の寺院で四囲に堀をめぐらし、南北二町（二二〇メートル）、東西一町（一一〇メートル）の築地を設け、約一万坪（三三〇〇〇㎡）の境内は小城郭に似た堅固な構えになっていた。事実、この頃も堀割の拡張や塀など城郭化の工事が進められていた。

信長はそこを京での宿舎の一つにしていた。「毛利勢来たるご出陣願いたし」の報を五月十七日に秀吉から受けた信長は、毛利の息の根をとめる絶好のチャンスと捉え、即日近畿勢の明智光秀（丹波亀山城主）、細川忠興（丹後宮津城主）、筒井順慶（大和郡山城主）、池田恒興（摂津有岡城主）、中川清秀（摂津茨木城主）、髙山重友（摂津髙槻城主）ら十三名に動員令を発した。そして自らも長男信忠とともに京都で軍勢を整え、西征に向かうというのである。そのために信忠居城岐阜城にも一万ほどの軍勢が待機している。

信忠は早くも二十一日に家臣千二百名を率い京に入った。宿所は室町薬師町の妙覚寺と、近くの町屋に分宿。

信長の方は五月二十九日に馬廻り、小姓、中間、小者、女中衆ら百五十人ばかりを引き連れ安土から京都に入り、本能寺と町屋に分宿した。この年の五月は旧暦では小の月であり、二十九日までしかない。明くれば六月一日となる。

この日、朝から公家衆たちの来訪が本能寺に相ついだ。久しぶりの信長公上洛にご挨拶をと、ひきもきらぬ来客である。表門の西洞院通は貴人の輿であふれていた。

午後になって、本能寺本坊主殿で大茶会がもたれた。信長は安土から茶道具の名品四十品ほどを荷駄に組み、運んで来ている。それを披露するという。招かれた客は公家山科《やましな》言継《ときつぐ》の日記『言継卿記』によれば、五摂家の前関白近衛前久《このえさきひさ》をはじめとして内大臣近衛信基（前久嫡男）、前左大臣九条兼孝、関白一条内基、右大臣二条昭実、鷹司信房、甘露寺経元、勧修寺晴豊《かじゅうじはるとよ》ら公家の他に、京、堺、博多の大商人や名のある僧侶など約五十人近く。

何しろ信長主催の茶会である。

広間には目も眩むような稀代の名品が、惜しげもなくずらりと飾られている。

牧谿《もっけい》筆くわい図
玉　磵《ぎょくかん》筆古木図
趙昌筆菓子図

九十九《つくも》茄子《なす》茶入《ちゃいれ》
珠光小茄子茶入
勢高肩衝《せいたかかたつき》茶入
珠光《しゅこう》茶碗
宗無茶碗
松本茶碗
千鳥香炉《ちどりのこうろ》
火屋《ほや》香炉
蕪無花入《かぶらなしのはないれ》
筒瓶青磁《つっぺいせいじ》花入
宮王釜《みやおうかま》
田口釜
…………
…………

いずれ劣らぬ天下の逸品三十八種。

「九十九茄子」は柘榴《ざくろ》の実ほどの大きさであるが、その価は一万石に匹敵するという。もっとも、この茶入れは信長が大和多聞山城主松永久秀から献上され、そのことで久秀が大和一円の支配を安堵されたので、「九十九茄子」は大和一国に匹敵すると評判になったものである。

また「珠光小茄子」も、甲斐武田攻めの際の恩賞に何が欲しいかと信長に問われた滝川一益が、珠光のこの小さな茶入れを所望したという。信長は笑って応えず、代わりに上野国一国と信濃二郡を与えたという。

これらの茶道具を前にして、「ああ、このようなすばらしい名物を間近に拝見することができ、いつ死んでも悔いはないわ」などと身振り大きく感嘆の声をあげている公家衆もいた。

その頃の武将や公家たちの最も関心を寄せる一つにこの茶道があった。公家たちには生活に潤いを与える一種の清涼剤であり、武将たちには殺伐とした生活におけるストレス解消策である。信長は信長で、貴族たちの興味関心をもつ茶器の名品を陳列し、自己の権威と富を誇示したいという思惑もある。またこれから中国毛利との決戦に臨もうとする信長にとって、二、三日うちに迫っている京都出立を前に、清浄な精神状態に一瞬でも浸りたいという思いもあった。だから大仰に軍勢を引き連れての入京はそぐわない、と思っていた。京はその頃治安もよく、それに信忠の手兵千余も先に京に入っている。

大茶会は茶の湯のあと、正式な本膳料理でもって夕刻頃に終わった。主殿から常の間(信長宿泊時の生活の場)に戻った信長は信忠と村井貞勝を呼んだ。貞勝は京都所司代である。三人は酒など酌み交わしながら、半刻(一時間)ほど西国に向けての打ち合わせをした。そして深更に至って信忠は妙覚寺へ、貞勝は本能寺門前の所司代館へと帰って行く。

信長が寂光寺本因坊の僧日海(のちの初代本因坊算砂)と、本能寺に住した鹿塩《かじお》利賢の囲碁対局を観戦して後、寝所に入ったのは子《ね》の刻(午前0時)を過ぎていた。ちょうど明智の軍勢が沓掛で小休止をとっていた頃である。

四

六月二日卯《う》の刻（午前五時）頃に、本能寺は幾筋もの町家筋から雪崩こんだ明智の軍勢によって幾重にも取り囲まれた。明智光秀の紋は水色桔梗、馬印は白紙の四手撓《しでしない》である。軍兵たちは鬨の声をあげ、門扉の閂をはずし、人を斬り、築地を乗り越えて境内に乱入する。

信長は外の騒がしさに目を覚ました。はじめのうちは下々の者の喧嘩であろうと思っていた。しかし、鬨の声があがり鉄砲の音が聞こえるに及んで、信長は次の間の宿直《とのい》に、「誰かある」と声をかけた。

小姓森乱（蘭丸）が駆け寄り、「謀反と思われます」と告げる。「いかなる者のしわざか」、信長の甲高い声が響きわたる。「旗印は桔梗の紋どころ、明智の軍と思われます」、その時に発した信長の言葉は「是非に及ばず」（しかたがない）である。太田牛一の『信長公記』が伝えるところのものである。

原文はこうである。「是ハ謀叛歟如何成者之企そと御諚之處に森亂申様に明智か者と見

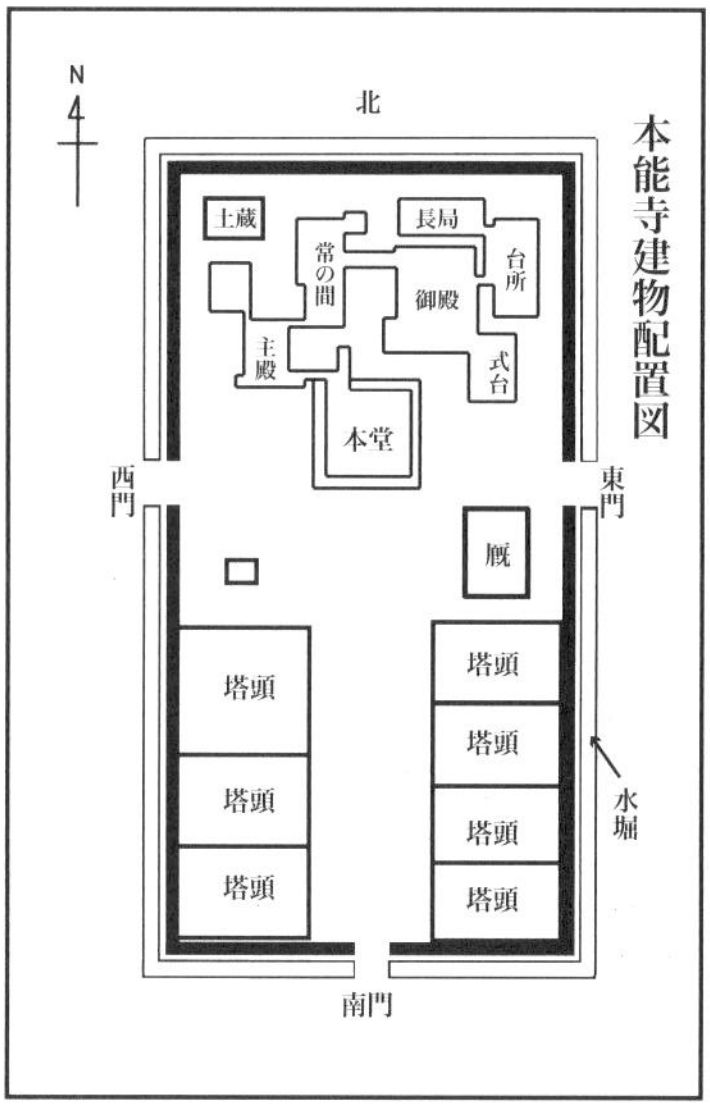

本能寺建物配置図

え申候と言上候へハ不及是非と」（町田本・巻十五）

光秀勢は間をおかずに、厩《うまや》から表御堂（本堂）、御殿（奥書院）にと攻めたてる。何しろ一万以上の正規軍が戦闘態勢で攻めて来ているのである。多勢に無勢。厩番の矢代勝介、伴太郎左衛門、伴正林、村田吉五らが切って出て討死。中間衆《ちゅうげんしゅう》も二十人ほどが厩で討死。表御堂の番衆は信長警固のため一手になろうと、表御堂から御殿に集まってくる。

御殿の内では森乱、森坊、森力、兄弟三人が力戦の後討死。他に小河愛平、高橋虎松など小姓衆も敵勢と渡りあって、三十人近くが討死。町屋に宿をとっていた馬廻りの湯浅甚介、小倉松寿、中尾源太郎らも急変を聞くと同時に本能寺へ駆け入り斬死にした。

信長は白綸子の寝巻姿で御殿の高欄に立つと、弓を手に立て続けに矢を射る。まもなく

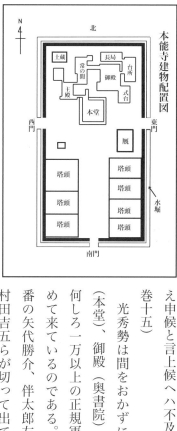

弓弦《ゆづる》が切れたので、今度は二間柄の槍を持って応戦していたが、肘に槍疵を受け、やむなく退く。それまで女中衆が手早く矢など手渡していたが、「女たちはかまわぬ、急ぎ罷《まか》り出でよ」と追い出すように去らせ、後、自ら御殿に火をかけ殿中奥深く入って行った。そして帳台構えの寝室の戸を閉め燭台を倒し、畳の上に端座して喝を入れるや否や、腹をかき切り自害して果てた。部屋は劫火の焔に包まれていく。時に信長、四十九歳の一期であった。

五

明智光秀の本能寺襲撃はすぐに京都所司代村井貞勝の知るところとなる。しかし、本能寺は完全に包囲されていて一歩も入ることができない。そこで貞勝は信忠の宿舎妙覚寺へと向かう。

信長の嫡子信忠は貞勝の出した使いの者の知らせを受け、五百の手勢を率い急ぎ下京へ向かったが、途中で貞勝と会い本能寺は火の手がすさまじくもう無理ということを知る。

安土へ退去という考えもあった。しかし光秀のことゆえ京の出入口は完全に封鎖しているであろうと、貞勝の進言を受け入れ近接の二条御所に移った。

二条御所とは押小路室町にあり、信長が洛中における居館として普請したものである。天正四年（一五七六）に完成し、「二条御新造」と称していたが、同七年（一五七九）に誠仁《さねひと》親王に献上され、以後「二条御所」と呼称されるようになった。敷地は約二万坪（六六〇〇〇㎡）、堀を巡らし石垣を築き櫓も設け、妙覚寺より構えはしっかりしている。

明智光秀軍は当初本能寺を完璧なまでに包囲したが、間もなく一手を妙覚寺に、そして二条御所にと向け、そこを取り囲んだ。信忠は僧形の前田玄以に託し、二条御所が包囲される直前に妻子を女衆とともに逃れさせている。

信忠はその後使者を明智方に送り、一時停戦を求めた。誠仁親王の内裏への退出を願い出たのである。光秀は馬・駕輿の使用禁止を条件に退出を容認したと、フロイスの『日本史』は伝えている。馬などで逃亡する者などを警戒したのであろう。誠仁親王は連歌師里村紹巴が町屋から用意した荷輿《にこし》に乗り内裏へ避難した。

戦闘は誠仁親王や若宮（のちの後陽成天皇）、随臣たちの退去を待って再開された。信忠勢は町屋に分散していた馬廻り衆も馳せ参じ、村井貞勝の手勢をあわせて千五百ほど。

　当初信忠勢は寄せ手を退散させたりしていた。しかし侍大将斉藤利三命で光秀勢が北隣りの近衛前久邸に乱入し、屋根の上から弓・鉄砲を乱射しはじめたため衆寡敵せず、戦いは半時（一時間）ほどで終わった。信忠は近臣鎌田新介に介錯させて自刃、享年二十六。

　二条御所は焼け落ち、遺骸は信長同様発見されなかった。織田長利（信長弟）、織田勝長（信長五男）、村井貞勝（京都所司代）、福富秀勝、野々村三十郎、金森長則（金森長近長男）、菅屋長頼、猪子兵助、団忠直、服部小藤太、毛利新介など名のある武将も討ち死に。全ては午前九時頃には終わっていた。こうして、織田信長・信忠による政権統治機構はこの時点で完全に崩壊した。

　そこで本能寺直前の織田信長版図（左図）をここに示しておこう。日本の中枢は全て信長版図に組み込まれていることがわかる。

　これでみると、織田信長の領国は山城、大和、河内、和泉、摂津、伊賀、伊勢、志摩、尾張、三河、遠江、駿河、甲斐、上野、信濃、飛騨、美濃、近江、若狭、越前、加賀、能登、越中、丹波、丹後、但馬、因幡　播磨、備前、淡路（以上三十カ国　約八百五十三万石）

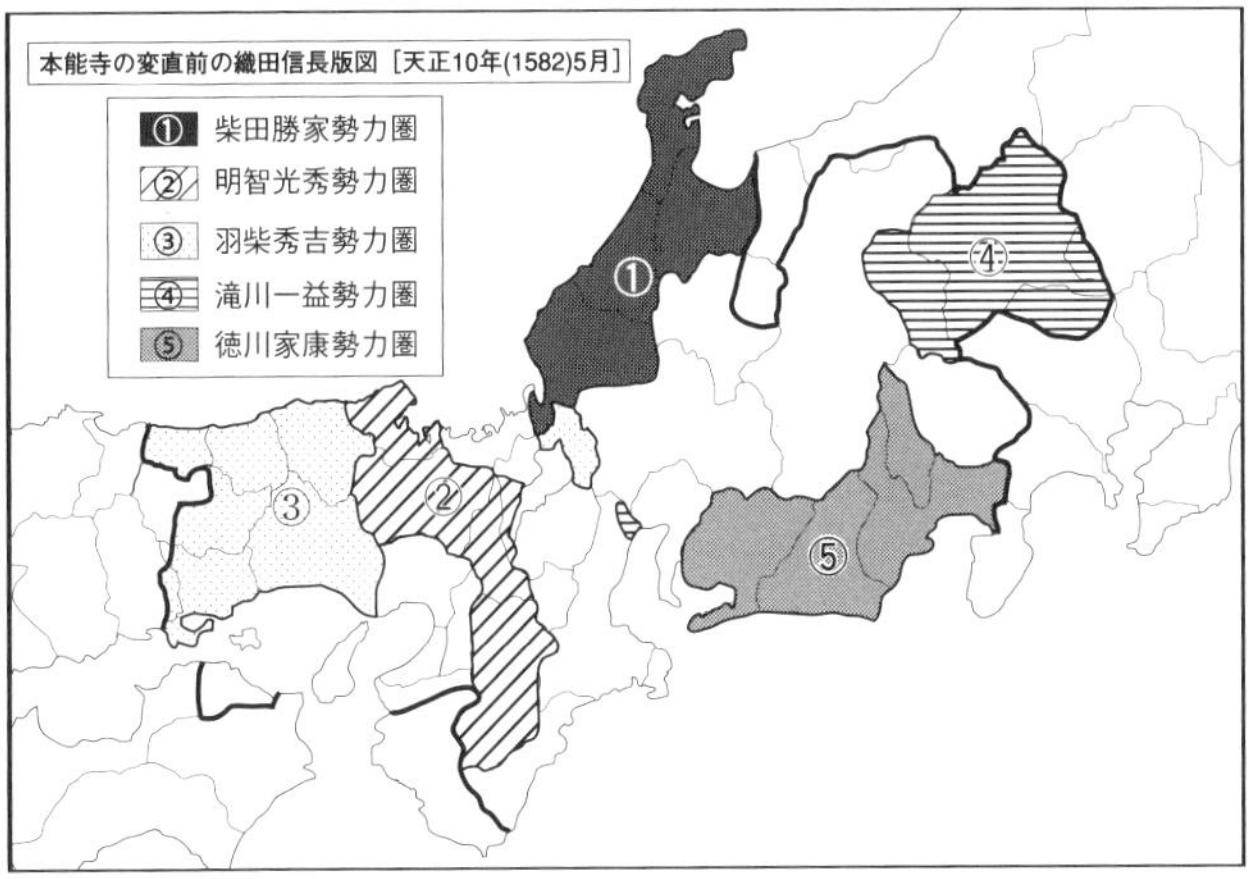

本能寺の変直前の織田信長版図［天正10年(1582)5月］

ということになる。また、信長領国のうち、有力部将の勢力圏の国名、石高は大略次の通りとなろう。

柴田勝家勢力圏――越前、加賀、能登、越中（四カ国　約百四十万石）

明智光秀勢力圏――丹波、丹後、山城、大和、近江一郡（四カ国一郡　約百十万石）

羽柴秀吉勢力圏――但馬、因幡、播磨、備前、近江三郡（四カ国三郡　約九十五万石）

滝川一益勢力圏――上野、信濃二郡、伊勢一郡（一カ国三郡　約七十万石）

徳川家康勢力圏――三河、遠江、駿河（三カ国　約七十万石）

さて、光秀謀反の知らせはすぐに各地の諸将に伝えられた。

この時点で神戸（織田）信孝は約一万二千の軍勢を擁し四国長宗我部攻めのため住吉・堺・岸和田周辺に、羽柴秀吉（約三万五千）は備中高松に、柴田勝家（約二万強）は越中魚津・松倉に、滝川一益（約一万強）は上野厩橋に、徳川家康はわずかの供回りとともに堺にいた。

したがってこの五人の部将の中で、最も早くにその情報を手にしたのは神戸信孝である。京―住吉間は十四里（五五キロ）ほどであるから、その日のうちに変事を知った。

信孝軍は、今すぐにでも眼前の明智軍が攻めて来るのではないかとの恐怖心から離反逃亡する者が続出していた。信長を討ち終えた後の明智軍である。勢いに乗じ、その勢力が膨らむことも予想される。それに、四国征討軍は急ごしらえの伊勢・伊賀・摂津等の寄せ集め集団。まだ集結も終えていなかったので統率力も弱かった。さらに一部は淡路島に渡っていたし、住吉、堺、岸和田とそれぞれの港に軍勢が分散していたことも災いした。

信孝にとっては父と兄が同時に討たれたのである。その衝撃は大きかった。大坂城（石山本願寺）に着陣していた丹羽長秀は岸和田城に入っていた信孝を大坂城本丸に移し、守護するという具合であった。

大坂城二の丸千貫櫓には津田信澄（信長弟信行の子）がいたが、長秀は信孝と図り六月

本能寺の変

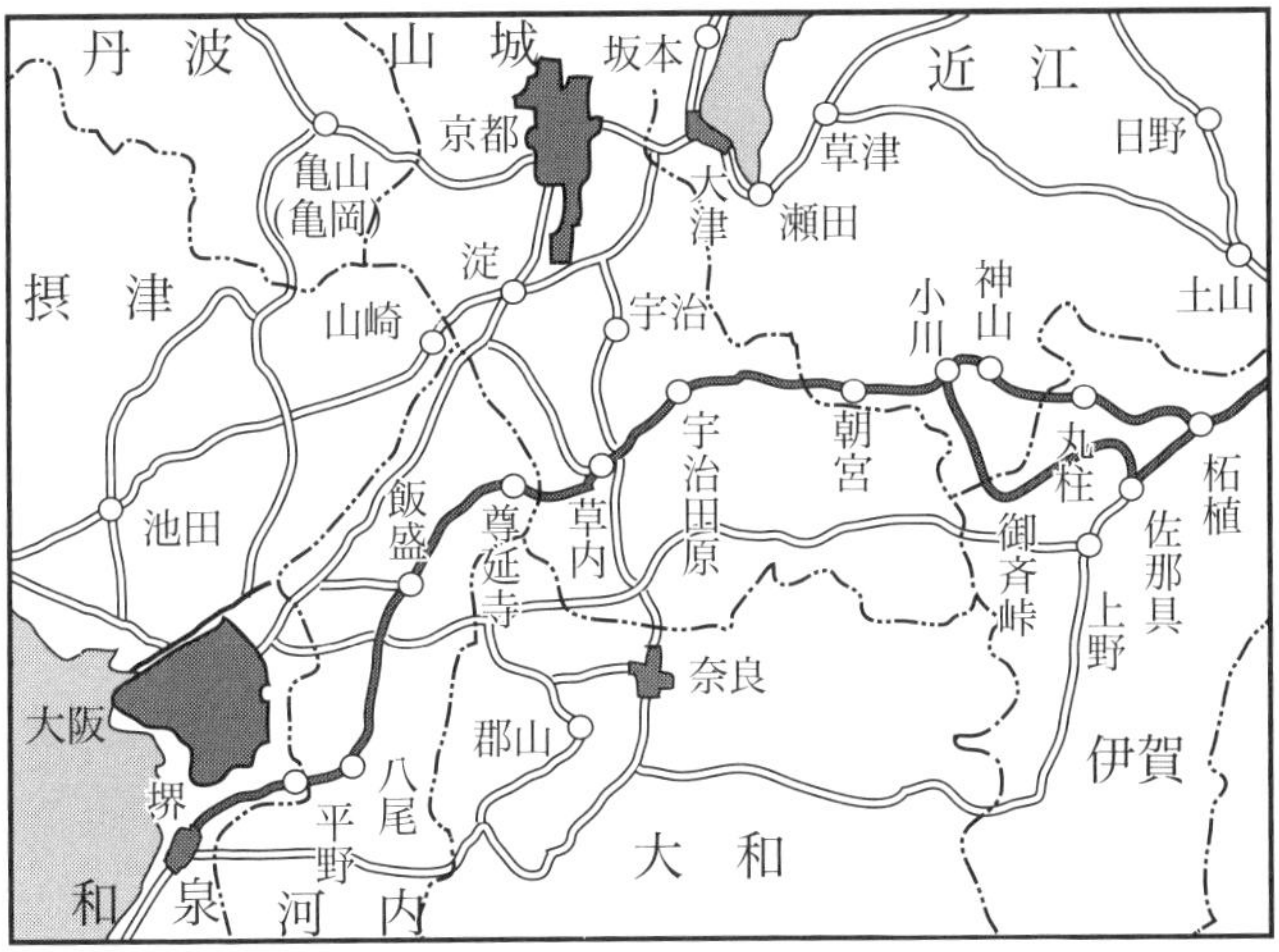

五日に信澄を本丸に呼び、これを謀殺した。信澄は光秀の女婿でもあったので、光秀と内通しているのではないかと疑われたのである。

家康にもその日のうちに情報が入った。

家康はこの年三月、信長の甲斐征討に功あり、駿河一国を与えられていた。家康は信長の招待もあり、またそのお礼もあって六月一日、堺の町にいた。家康は今井宗久、津田宗及《そうぎゅう》の茶会に参席。夜、堺代官松井友閑邸で饗応を受け、翌二日に穴山梅雪とともに松井屋敷を発った。梅雪はもともと武田信玄の重臣であるが、織田信長の甲斐侵攻に際して天正十年（一五八二）二月二十五日に家康を通じて織田家に内応していた。

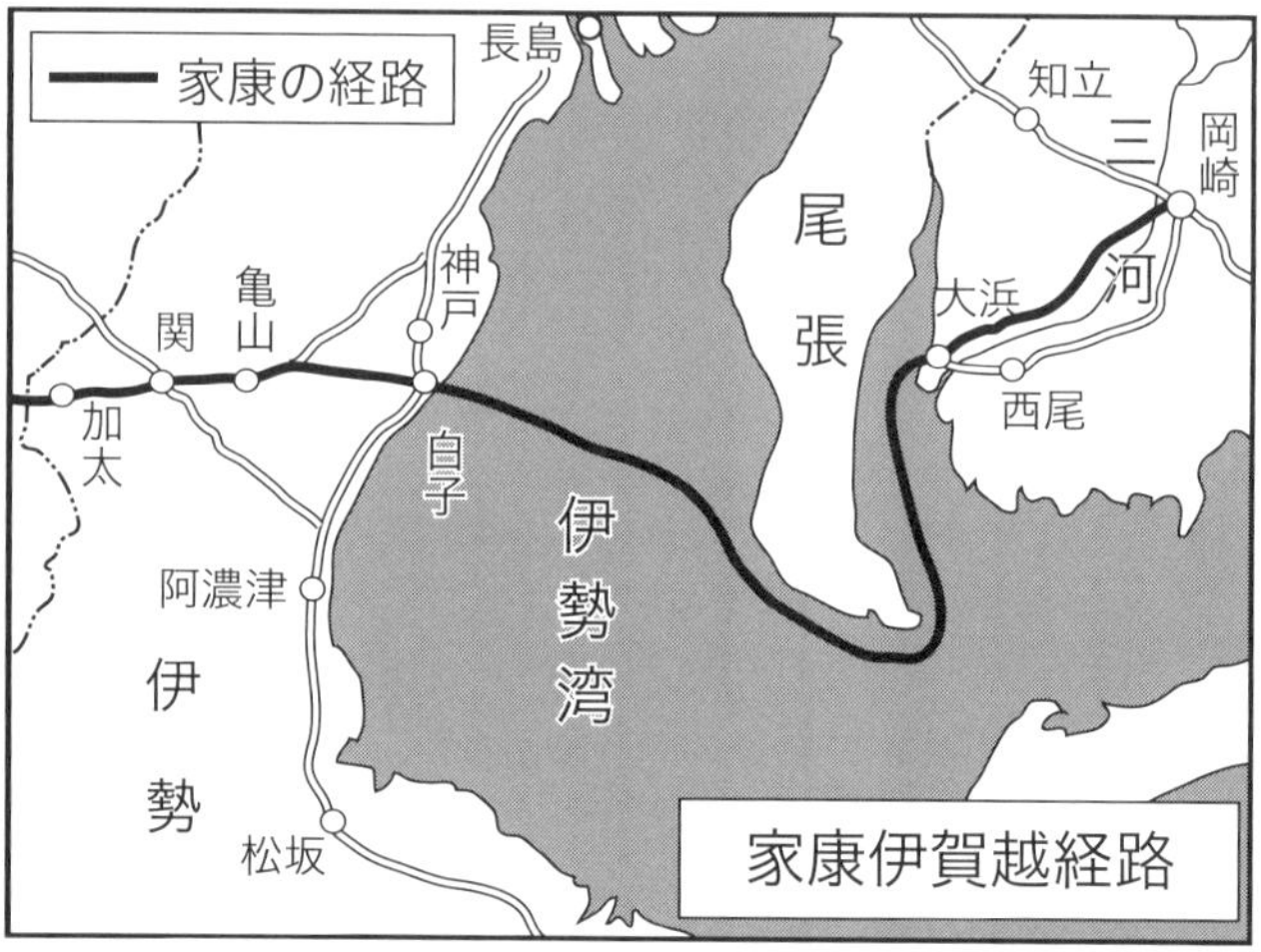

家康伊賀越経路

二人は信長へのお礼言上のため京へ戻ろうと大坂近郊枚方《ひらかた》まで来た時、本能寺のことを知った。徳川家と親しい京の呉服商茶屋四郎次郎からの知らせである。

　家康は重臣ら一行の考えを入れ、急ぎ三河へ逃げのびることにする。重臣とは酒井忠次、石川数正、本多正信、本多忠勝、榊原康政、大久保忠佐、大久保忠世、大久保忠隣、井伊直政、服部半蔵らである。京・堺見物の案内人を務めていた長谷川秀一も同行を申し出、総勢三十人ほど。

　一行は枚方の津田主水頭《もんどのかみ》の道案内により宇治田原に向かい、同地遍照院で休息。その後、服部半蔵の尽力で甲賀忍者頭目多羅尾光俊の小川城に入り、ここで一泊。翌日甲賀の郷士たちに護衛されて御斉峠《みとき》を越え柘植《つげ》に着く(神山、丸柱を越えて柘植に向かったという説もある)。そこで地元伊賀衆の協力を得て加太峠にさしかかった時落人狩りに襲われたが伊賀衆の防戦で何とか切り抜けることができた。

そこから鈴鹿川沿いに伊勢湾の白子浜に着いた一行は、船で知多半島をまわるようにして三河の大浜に上陸。そして陸路をたどって岡崎城に入ったのは四日になってである。家康が後に生涯最大の危機と語っている「伊賀越え」はこうして脱することができた。

一方、穴山梅雪とその従者十二名は宇治田原に向かう途中、一行からだいぶ遅れていたため、落人狩の襲撃に会い、殺されている。何故おくれていたのか。あるいは家康主従と同行するのは危ないと踏んでのことであったという説もある。

北陸道の柴田勝家の場合はどうだったのか。

勝家には四日おそくに変報が届いたという。その前日に越中魚津・松倉両城を攻めたてていたが、まずは魚津城を三日に陥落させ松倉城落城も時間の問題であった。そこへこの知らせである。

勝家は上洛を図るため組下の部将たちをそれぞれ帰城させ、光秀討伐のための準備をさせることにした。佐々成政は越中富山城に、前田利家は能登七尾城に、佐久間盛政は加賀尾山城（金沢）に、そして勝家は越前北庄城（福井）に戻った。もちろん、越後勢上杉景勝軍の追撃にも備えなければならない。

関東にいた滝川一益がその情報を知ったのはだいぶ後の六月七日に入ってからである。一益は甲斐の武田勝頼攻めで功を立て、信長より三月二十三日に上野一国と信州二郡を与えられている。そして上野厩橋（前橋）に着いたのは五月下旬であったから、上野経営の緒についたばかりのことであった。

隣国小田原北条氏でも情報を掴んだようで、滝川軍の動きにさぐりを入れてくる。表向きは協力の申し出である。信長横死の情報が正しければ北条氏政はすぐにでも滝川軍を攻めるつもりなのであろう。

さて、京から遠く離れた遠征軍の中で、最も遠くに位置するのは滝川軍百十里（四四〇キロ）、次に柴田軍の八十里（三二〇キロ）、羽柴軍の五十二里（二〇八キロ）である。その三方面軍の中で、早くに情報をキャッチしたのは羽柴軍であった。距離の面から言って当然と言えば当然かも知れない。

備中高松

一

　ここでいよいよ羽柴秀吉軍の動きに触れなければならない。それも後々の天下取りにまで及ぶわけであるから少し詳述しようと思う。

天正五年（一五七七）十月、秀吉は信長の命で中国方面軍司令官として播磨に出陣する。

その後、秀吉は同方面で赫々《かくかく》たる戦果をあげていた。

天正七年（一五七九）三月　備前を平定。
天正八年（一五八〇）一月　播磨を平定。
同　　　　　　　　　五月　但馬を平定。
天正九年（一五八一）十月　因幡を平定。
同　　　　　　　　十一月　淡路を平定。

天正十年（一五八二）四月　兵三万五千を率い、備中に入る。
同　　　　　　　　四月　高松城支城宮路山、冠山両城を陥す。
同　　　　　　　　五月　高松城支城加茂、日幡、庭瀬城を陥す。
同　　　　　　　　五月　高松城を囲む。

つまり、本能寺の変のあったこの時点（天正十年六月）で、羽柴軍は毛利方の備中高松城（岡山市髙松）を包囲していたのである。

この城は天正七年（一五七九）三月に備前岡山城の宇喜多直家が秀吉の軍門に下って以来、毛利陣営の最前線となっていた。毛利氏が備前の宇喜多氏に備えるため備前、備中の国境に築いた七城の一つであり、俗に境目七城と言って、北から宮路山、冠山、髙松、加茂、日幡、庭瀬、松島城を指す。この七城のうち髙松城はその主城である。

高松城の城将は清水宗治。歳は四十六の働き盛り。裏表のない剛直真面目な勇将として聞こえていた。開城したなら備中・備後の二カ国を与えるという信長からの誓紙をさしそえた秀吉側の誘いにもかかわらず、五千の兵とともに籠城したままで降伏する気配などない。

この年（天正十年）正月、毛利家の山陽道司令官小早川隆景（元就三男）が備後三原城に七城主を招いたことがある。話が秀吉の備中進攻に及んだ際、七城主はそれぞれ忠誠と必勝を誓ったが、宗治は必勝ではなく必死の覚悟を誓ったという猛将である。

それにこの高松城は周囲を沼沢、深田、堀で囲まれ要害堅固。城中への出入り口は南側大門に至る一町（一一〇メートル）ほどの細い道が一本あるだけ。それも秀吉軍侵攻に備え取り払っており、沼地は腰ほどの深さであるから大軍を動かすのは不可能となる。事実、秀吉側は五月四日までに二度ほど攻めているがその地理的条件のため成果はない。

そこで秀吉は軍師黒田官兵衛の考えを入れ、本営を当初の龍王山から髙松城により近い石井山に移し、この城を水攻めにするという包囲作戦に出た。わが国水攻めの嚆矢と言われている奇策である。

城の後方と東側は山地が迫っている。だから髙松城の前面北西、門前村から南東蛙《かわず》ケ鼻《はな》にかけて二十六町（二、八キロ）もの堤防を築き、近くを流れる足守川を北西上方で堰《せ》き止め、その水を城内に流入させるという戦法である。これで城を水没させることができるというのである。

工事には二千余の将卒を現場に配置し、近隣の農民を駆り出して突貫工事が行われた。築堤のためには大量の土俵を必要とする。底部十二間(二十二メートル)、上部六間(十一メートル)、高さ四間(七メートル)の堤防を築くのである。農民たちには土俵一俵につき銭百文、米一升を支払うという破格の方法をとった。農民にとって土はいくらでもある。俵もまた編めばいくらでもできる。土俵は崩れたり流れたりしないように杭や岩石で補強する。さらに土俵に土を被せ、土手を突き固めてゆく。大勢の百姓たちは勇んでこの土木工事に参加した。

築堤工事には蜂須賀正勝配下の黒鍬衆が中心となった。黒鍬衆はあの美濃の一夜城として名を成した墨俣《すのまた》城構築の土木工事専門家集団である。

こうして巨大な堤防は昼夜兼行で進められ、五月二十日には完成した。工事を始めたのは五月八日であったから、わずか十二日間でこの難工事は終えたことになる。

堤防には塀を設け、十間(十八メートル)ごとに櫓を組み、夜には敵の決壊工作を防ぐために篝火を焚いて警戒を厳重にした。そこに注ぐ何本かの小川の水は早くも完成前に流し入れている。そこへ足守川の本流を流し込んだのである。あとは城が水中に没するのを

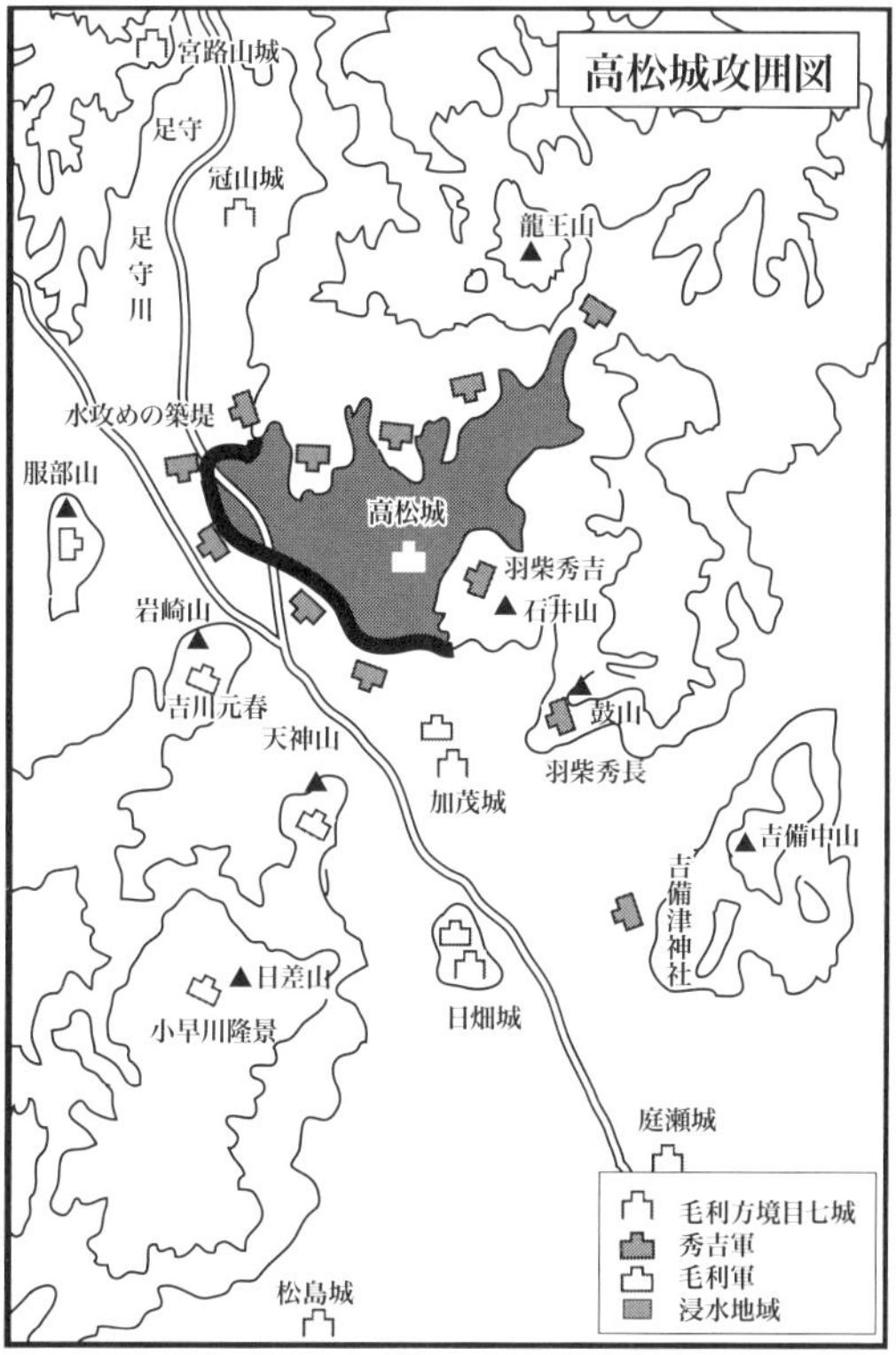

待つだけである。

完成した堤防に立ち高松城を眺めながら、秀吉はつぶやいた。「この堰堤に銭《ぜに》六十三万五千貫、米六万五千石を費やしたのだ。これで城を陥せぬとなればもの笑いの種子になる」と。

工事の状況を偵察していた毛利軍は五月中旬には動き出していた。高松城救援のための後詰めである。堤防完成の二十一日には毛利陣営の吉川元春軍五千が高松城南西約一里（四キロ）の足守川対岸岩崎山に入り、同じく小早川隆景軍五千が城の南二里（八キロ）の日差山に陣を敷いた。さらに毛利輝元を大将とする三万の毛利本軍が日差山後方一里半（六キロ）の猿掛城（吉備郡真備町）に入り睨みをきかせる。これで秀吉側は三万五千、毛利軍は高松城の五千を加え四万五千の陣容となった。

この間、秀吉は毛利本軍の動きを察知し、信長に急を告げていた。信長はすぐに動いた。明智光秀を中心とした近畿勢十三名の諸将に動員をかけたことは前述したところである。信長、信忠の軍勢を入れ、総勢三万でもって加勢に向かうというのである。髙松城周辺には秀吉勢の三万五千が待機している。総勢六万五千となる。信長はここで一気に毛利勢を攻め立て、中国を席捲しようというのであろう。

さて一方、その後の毛利側の動きは鈍い。秀吉の軍勢を前にして毛利側の気がかりなことは、後方九州大友宗麟の動向である。もし秀吉側と戦闘状態になれば、長いこと敵対関係にある大友軍に後方を撹乱される恐れがある。宗麟は虎視眈々とそれをねらっているはずである。

それに前に軍を進めるにしても堤防を切られたらどうなるか。泥田に足をとられ、身動きできなくなる。そこに弓、鉄砲で狙い撃ちされたらひとたまりもない。さらに信長自ら大軍を率いての援軍の情報が入って来ている中で、迂闊に攻めることもできない。

毛利軍の重鎮吉川元春は、「髙松の儀、水を仕掛け候て、下口を突き塞ぎ候て責め申し候条何れもこなたよりの加勢も、城内の頼みにならざる様に候て、日々、心もとなきばかりに候」（『吉川家中并寺社文書』）と嘆息するばかりである。

高松城の水は日一日とその水嵩を増していった。六月に入って梅雨となり、雨の降る日も多くなった。城は水に囲まれ、水面は鏡のようになっている。石井山の中腹に本陣を敷いた秀吉の陣営からはその様子が美しくも見えた。

しかし、内実は物見からの報告では城内の様子は困窮を極めているという。

地下に貯蔵している米、味噌などの食料、さらには武器、弾薬、武具類などを上階に運びあげるために大混乱を来しているというのである。また、一階の畳、家具類も上階に運びあげているという。蛇や百足《むかで》、鼠、鼬《いたち》、狢《むじな》などの類も畳、柱、乾いた土地を求めて這い上がり、それに糞尿などの異臭も立ちこめ、大騒ぎだという。

秀吉側の情報宣伝によると、信長援軍は播州三木までもう来ているという。その情報が正しいとなれば織田・毛利は近々前面対決となる。となると、このままでは毛利側は武田滅亡の二の前になりかねない。

というのは、この年二月三日には信長は織田信忠・徳川家康・金森長近に武田攻略を命じ、わずか一ヵ月ほどの間に、甲・信・駿三国に勢力を誇った武田王国を崩壊させていた。

高松城楼の一階が浸水するようになると、毛利側はもう外交交渉にゆだねるしか方法はなくなっていた。そこで交渉は毛利側からは外交僧安国寺恵瓊《えけい》、秀吉側からは黒田官兵衛に決まった。

毛利側の提案した講和条件は次の二ヵ条である。
一、毛利方は美作、伯耆、備中三ヵ国を織田方に割譲する。
二、織田方は高松城のすべての士卒を助命する。
それに対する秀吉側の返答はこうである。

一については了承した。

二については城主清水宗治の切腹が条件。それがなければ右大臣公に取りなしはできない。

秀吉にしてはこういう場合の信長のやり口を知っている。言わば戦勝の証として敵将を自刃させるのである。

しかし、毛利側はこれを受け入れるわけにはいかない。ここまで毛利陣営のために忠誠を尽くし、徹底抗戦をしてきている清水宗治の命を断つことになれば、毛利統治国全体への示しがつかない。和戦の交渉は暗礁にのりあげてしまった。

この交渉の行き詰まりを打開するために、六月三日、恵瓊は毛利方に無断で高松城に行き、清水宗治に会った。そして膠着状態にある現状を宗治に説いた。和平条件として宗治の首を秀吉側が求めていること、この条件に毛利方は反対しているので、交渉が難航していることを打ち開けた。

宗治は忠義に厚く義侠心に富む男である。恩義の厚い毛利輝元のために、また、将兵五千人の命と引き換えに、自ら切腹してこの難題を解決したいと恵瓊に申し出た。毛利側は苦渋の選択としてこれを受け入れることにした。交渉は一決する。

同日、宗治は「小舟を一艘いただけるなら四日中に切腹する」旨の使者を秀吉に送った。

羽柴秀吉は「殊勝である」として小舟のほか酒肴十荷と極上茶三袋を送った。宗治はその夜本丸に諸将を集め、秀吉から贈られた酒肴で名残の宴を張り、一人ひとりと別離の盃を酌み交わしたという。

ところがここに思いがけないことが起こった。六月三日の夜十時頃のことである。長谷川宗仁《そうにん》(信長近習、茶人として使えた堺の豪商)による飛脚が到着した。本能寺の第一報である。宗仁は当夜本能寺にいたが、「当山の僧である」として逃げた。宗仁はその頃隠居していたので頭を剃っていて、ために命が助かったのである。

書面は「信長信忠父子が昨二日朝、明智光秀謀反により本能寺において切腹、死去された。急ぎ上京して日向守を討ち果たすよう」という内容のものであった。

秀吉の手は震えていた。しばらく無言でいたが、次いで何か叫んだかと思うと、号泣に変わっていた。

秀吉にとっては草履取りから仕えてきた絶対主が忽然とこの地上から消えたのである、無理もない。

そこには蜂須賀正勝、浅野長政、黒田官兵衛もいた。

「殿、泣いている場合ではございませぬ。今、一刻も早くやるべきことをやり主君の仇討ちをせねば……」と官兵衛の言である。

秀吉は自分を取り戻した。「一刻も早くやるべきことをやり主君の仇討ちを……」、秀吉はおおむ返しに心の中でそうつぶやいていた。

髙松周辺には厳戒態勢が敷かれた。毛利側への情報の遮断である。それまでも細作などを使い街道筋を警戒させてはいたが、岩崎山、日差山の毛利陣営の街道筋はもちろんのこと、西国街道から海路の果てまで、毛利本国への通路の警戒は厳重を極めた。また、味方にも情報が洩れないよう、箝口令が敷かれた。事態を知って起こるであろう兵士たちの動揺も防がなければならない。

二

それから間もなくのことである。境目七城の一つと言われた庭瀬（岡山市庭瀬）で、蜂須賀家政の手のものに怪しい者が捕らえられたという。庭瀬城は五月末に秀吉の手に陥ちていた。拷問したところ密書が出てきた。その者の持っていた密書は六月二日付で「惟任日向守」より毛利軍の山陽道司令官「小早川左衛門佐」（小早川隆景）宛に出されたものであり、次のような文面であった。

「取り急ぎ文書をもって申しあげます。このたび羽柴筑前守秀吉が備中国で乱妨を企てたので、将軍義昭公の御旗の下に毛利、小早川、吉川の三家が秀吉と対陣されているということは、きわめて忠義心のあつい証拠であり、ながく末代まで伝えられることでしょう。さてわたくし光秀は近年信長にたいして憤りをいだくようになり、遺恨をそのままにしておくことも出来ず、今月二日に本能寺において信長父子を誅殺し、かねてからの望みを達成しました。その上義昭公の御本意も成就されたことになりますので、めでたい事としてはこれ以上のものはありません。この旨をよろしく皆様に御披露いただきたくお願い申しあげます」(別本『川角太閤記』)。

備後の鞆《とも》の浦(広島県沼隈町)に亡命していた将軍義昭が信長討伐の画策をしていたことは事実であるが、この書面はそのことをも伝えている。

この書状の言わんとするところは、言うなれば東西から秀吉を挟撃しましょう、というものなのであろうが、秀吉は実に幸運な男である。この文書が毛利側の手に渡っていたなら毛利軍は大攻勢に転じていたであろう。秀吉の命運はそれまでであった。密使は石井山本陣の一室で斬られた。

六月四日巳の刻（午前十時）近く、清水宗治らを乗せた小舟が髙松城から秀吉本陣近くの蛙ヶ鼻に漕ぎ出していた。静かな水面にギィギィと櫓を漕ぐ音だけが聞こえて来る。乗っているのは髙松城主清水宗治、小姓松本平蔵、その後ろに月清入道（宗治兄）、灘波伝兵衛尉（毛利側より付け置かれた軍監）、近松左衛門尉（同）、そして舵取り二人、うち一人は舵取り侍である。

蛙ヶ鼻の方からも一艘の小舟がゆっくりと進み出てくる。検使役の堀尾茂助吉晴を乗せた舟である。両者は湖面で出あう。

堀尾茂助は宗治に対面し、「秀吉公が申されるには、せんだって話し合った結果と相違なく、ここまでお越しいただいたことに感心いたします。また長期間の籠城の辛苦はお察しいたします。なおこれは秀吉公からのお志しです。」と言って美酒と佳肴を差し出された。宗治は大変喜び「筑前守秀吉殿によろしくお礼を伝えてほしい」と依頼し、末期の盃を酌み交わした。

それから宗治は「浮世をば今こそ渡れ武士《もののふ》の名を髙松の苔に残して」を辞世とし、水上で曲舞《くせまい》の「誓願寺」一曲を舞いおさめた後、肩衣をはねあげ自刃した。これを松本平蔵が介錯、その首を首桶におさめる。次いで月清、伝兵衛尉、左衛門尉も切腹し果てた。三人の首はいずれも平蔵によって介錯される。三人は殉死である。

平蔵は桶に入った宗治の首を検使役の堀尾茂助に渡し、その身も同様に腹を切った。平蔵首は舵取り侍により介錯された。

秀吉は「宗治は武人の鑑である」と褒め称え、持宝院の山内に石塔を建てて供養するよう申しつけた。

「それでは勝鬨の声を挙げよ」の秀吉命で蛙ヶ鼻の陣中から勝鬨が三度挙がった。髙松城開城は宗治の切腹の儀式終了後間もなくであった。

その日四日の午後あらためて秀吉側は、信長横死を秘したまま、毛利側使僧恵瓊を迎え、和平の誓紙と人質の交換をする。人質として毛利方から小早川秀包《ひでかね》と桂広繁が、織田方からは森重政、高政兄弟が相手側に引き渡された。こうしてひとまず互いの馬を納めるということになった。和議は成立をみたのである。

この誓紙については『江系譜《ごうけいいふ》』という史料にうかがいしることができる。

「由レ是和平成就也。因作両州、争国伯州半国共上表、備中河境而、備伯半国宛合レ之一国分、此外七ヶ国、凡八箇国、秀吉誓紙血判也」

（現代語訳）

「これにより（清水宗治が切腹したこと）和平が成立した。因幡と美作の二国と争っていた伯耆半国を織田側に差し出し、備中川（高梁川）を堺にして備中と伯耆の半国を合わせて一国分とこのほかの七カ国（安芸、周防、長門、備後、出雲、石見、隠岐）のおよそ八カ国が毛利側のものとして了承され、秀吉の誓紙血判がなされた。」

『江系譜』によると毛利側の割譲する領土は因幡、美作二国と備中、伯耆の半国合わせて一国分の三国ということになる。交渉の過程で三か国とか四か国、五か国、あるいは六か国と、幾度か変遷があったのであろうが、紆余曲折の末、最終的には以上のような結果になった

実は因幡一国と、備中・伯耆・美作の半国はすでに交渉以前に秀吉の支配下にあった。したがって交渉によって秀吉側の得たものは結果的には美作半国だけということになる。秀吉はそれだけこの和睦を急いでいたのであろう。

三

さて、信長死すの情報を毛利側が知ったのはいつの日であろうか。

それは四日の戌の刻（午後八時頃）、誓紙約定なって後のことである。

変報は紀州雑賀党首雑賀孫市からの飛脚が海路もたらしたものであった。

その知らせを手にして、吉川元春は熱《いき》り立ち、「秀吉に謀られた、ただちに追撃すべきである」と主張した。

小早川隆景はこれを制した。その理由として、
一、誓紙、人質を交換した以上、和睦は遵守すべきである。誓紙血判の乾かぬうちにそれを破ることは不義。
一、元就は一族の結束を遺言している。ここで結束を乱しては父の遺言にそむく。父はこういう場合の兄弟の別心を想定して遺言を残しているのである。
一、毛利勢は今回防衛を第一の基本にして秀吉勢と対峙してきた。今、備中松山城に本

陣を置いているのもそのためである。守備態制を追撃態勢に切り替えることは事実上不可能である。

隆景は理を尽くしこう主張し、能役者鵜飼新右衛門を召し「目出多き所か、また修羅などの様なる所か、謡い申すべし」と命じた。鵜飼はややあって小謡一番を、「四海波静かにて国もおさまる時津風」と謡いはじめた。こうして隆景は毛利の陣中を舞をもって静めたと言われている。

その頃、秀吉は小姓森勘八を召して、夜に入ったら引き退くことにする。勘八は毛利の陣が色めきたって軍勢をくり出すかどうか見定めよ、堰の堤を幾ヵ所か切り離せ、川下の田んぼはたちまち海になるだろうから、毛利の軍勢がこの海を押し渡るには一、二日は不可能だろう。そのようすを明五日の未の刻（午後二時）頃まで見届けよ。それに子細がないなら早々上洛するがよい」と命じた。『川角太閤記』にはそうある。

中国大返し

一

主君信長の仇を討つ。明智勢が勢力を拡大しないうちに、一刻も早く討滅しなければならない。それに信長家臣団の主導権を握るためにも。秀吉は心の中で強くその決意を固めた。

軍は備中髙松撤退へと動きだした。何しろ大軍である。軍を三軍攻勢とし、第一軍の宇喜多秀家隊一万は宇喜多氏の居城である岡山城へ、第二、三軍の羽柴秀吉、蜂須賀正勝隊二万四千はまずは中国方面軍の拠点である姫路城へと撤退していく。

先軍の宇喜多隊は六月四日戌の刻（午後八時頃）髙松を出発。備中、備前の国境辛川を経、備前矢板、野殿を通り岡山城に入城。その宇喜多隊は毛利軍への後備えとして岡山城に残留。もし毛利軍が追撃というのであれば籠城し、秀吉隊の援護を待つ、というのであろう。

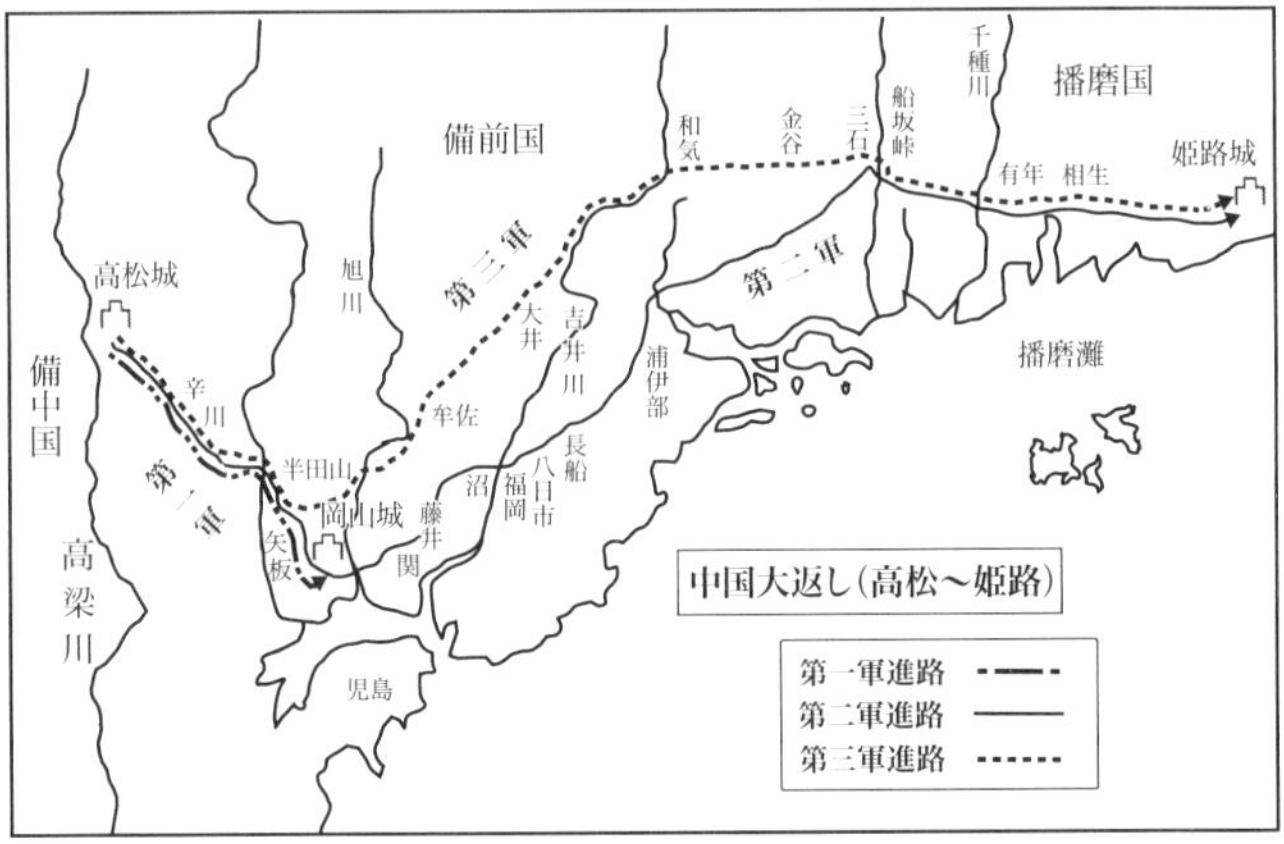

中国大返し（高松〜姫路）

第二軍秀吉隊一万二千が高松を撤退したのは「五日丑の刻（午前二時頃）」（『川角太閤記』）。真夜中の撤退は予定通りであるが、それにしても大部遅れたのは毛利軍の動きを見極める必要があるのと、高松城を取り囲んだ堤防の切れ具合、それから兵士の食糧その他兵站準備の時間を要したからである。

同隊は途中、岡山城で小憩。ここで秀吉は宇喜多勢の家老たちにこっそりと、「明智勢を討ち破った後は、宇喜多秀家を自分の養子に迎えたい」と伝え、宇喜多勢を喜ばせている。これは宇喜多勢を味方に引きつけておくための、秀吉一流の戦略だったかも知れない。もっとも秀吉は後に秀家を養子にしてはいるが。

秀吉隊は岡山城を出た後、旭川を無事渡河し、次いで関、藤井を通って備前沼城（岡山市東区）に入る。

沼城は岡山城の東方二里（八キロ）に位置し、宇喜多直家（秀家父）の岡山城入城以前の旧居城。同隊は吉井川の氾濫もあってここで一泊することにする。

秀吉はこの日あちこちへ飛報している。摂津の国の大名衆である中川清秀（茨木城主）、高山重友（高槻城主）、塩川吉太夫（塩川城主、大阪府箕面《みのお》市）などへは、「信長公は生きている、今は膳所《ぜぜ》（大津市）にいる」などと虚報を流し、「当方、毛利側との結着をつけ、只今上洛中」と伝えている。光秀の組下（与力）である摂津勢が光秀に加勢することをおそれ、牽制しているのである。

中川清秀宛の書は秀吉の返書である。清秀は光秀の本能寺襲撃などをいち早く秀吉に報じていたのであろう。

秀吉からの三人の大名衆宛書状に対して、その返書がすぐに飛脚を通して秀吉側へ到着する。

その内容はほぼ同じようなもので、「惟任日向守は江州安土のお城の仕置きのために下っております。貴殿が備中・備前の両国を難なくお逃れになったことは希有のことでございます。光秀が何ごとにおいても力をつけないうちに御弔いの合戦をするのが道理であります。早速の御上りをお待ちしております。そのうえ、先陣を中川（高山、塩川）へお任せ下さい」というものであった。

この三人はお互いに連絡をとりあっている。三人とも信長横死を事実として認めた上で、秀吉に志を寄せようとしていることがわかる。

ここはさすがは秀吉、どちらに加担したらいいのか日和見している摂津の大名衆を早くも味方につけているのである。

その翌六日、福岡の渡し場へ森勘八がやって来て、毛利家は子細なく五日の午前十時過ぎに引き退いたこと、堤は五日朝、十二、三ヵ所切り放した旨、報告している。それを聞いた秀吉は毛利家へ早速、鄭重な書状を送り届けた。

「今度備中高松において和議の約束をし、互いに誓紙を交わした後に上洛しようとしたことは秀吉の駈け引きのようにお思いでしょうが、弓馬の道にはこのようなこともお互いさまのこととお考えいただきたい。…………この上は光秀と主君の弔い合戦をいたして討死にの覚悟であります。もしまた、拙者の武運長らえましたならば、右の申したいことのあることろは（光秀との戦いを）平定してのちに、右の和談についての話し合いに喜んで応じる覚悟にあります。（毛利家が）天下のお望みはごもっとものことかと存じます。」

この書状の主旨とするところは、「時間がなくて和議の不十分なところありますでしょうが、もしあるなら、それを後日機会を設けて相談することにしましょう」との意であろう。同主旨の書状は吉川元春、小早川隆景へも早飛脚が立てられている。

さて、沼城一泊の後も強い雨。増水中の吉井川では難儀を極めた。しかし、一兵卒、一荷駄も失うことなく渡河することができた。次いで福岡、八日市、長船を経て浦伊部にと急ぐ。浦伊辺からは備前・播磨の国境三石を通り、嶮路船坂峠を越えて播磨の国相生、姫路へと退却（進軍）してゆく。

一方、第三軍の蜂須賀正勝隊一万二千は同じ六月五日、第二軍より遅れて髙松を出発。備中・備前の国境辛川から備前半田山へと移動し、そこから北上して旭川を渡り、矢佐、大井に入る。それから吉井川を渡り、和気、金谷と通り、備前・播磨の国境三石から第二軍の後を追うようにして、相生、姫路へと進む。なお、三石から姫路までは第二・三軍とも同じコースを辿ることになる。

と、ここまで書き進めてきたが、秀吉軍がいつ高松を出発したのか、姫路へはいつ着いたのかについては定説はない。諸本それぞれ違うのである。

それもそうかも知れない。南の右翼隊（第二軍）、北の左翼隊（第三軍）とそれぞれ一万余の軍勢が動くのである。先軍の兵士と殿軍《しんがり》の兵士とではその出発時点も大きな時間差を生じよう。先頭は騎馬兵であろうが、その後を延々と徒歩《かち》兵が続く。要所要所で食事、休息、点呼をとりながら行進してゆく。一日歩けば草鞋《わらじ》も切れる。一万人分となれば草履も一日一万足必要となろう。それに小荷駄隊が加わる。兵糧や武器・弾薬・炊事道具・陣地設営のための道具、馬の飼料などを運搬するのである。それが何日もの強行軍となれば予定通り事が運ばないのは当然である。その人の立ち位置によって時間はズレてくる。姫路帰城が六月六、七、八日説とあるが、それは出発の騎乗隊が六日着、殿軍の歩卒が八日着ということかも知れない。

「敵は摂津にあり」「ただただ急げや急げ」「夜を徹して駆けよ」との叱咤は飛ぶ。兵卒も必死である。軍律に違背すれば首も飛ぶ。

早さが味方を呼ぶ、上洛の速度が信長家臣どもの先頭に立つことができる、と秀吉はそう考えていた。しかし、「早さが勝負」と言っても、途中で病人も出れば、負傷者などの落伍者も出る。死者も出たと記録にある。

兵卒は軽装になるよう武器甲冑などはできるだけ小荷駄隊に任せたというが、それにしてもこの撤退作戦は兵士たちにとっては大変過酷なものであったことは確かである。

その一端を紹介する。後年、北の左翼隊（第三軍）にいた部将前野喜兵次吉康の語ったところによる。

「それがしは生涯において辛きこと三度あり、一、金ヶ崎退き口、二つ目は備中返し（中国大返し）、三つ目は高麗隊、忘れ難き難儀の取り合いに候なり。中にも備中返し、日を夜につぎ駆け退き候、それがしは馬乗に候。さりながら尻は破れ、ひざまずき用をたすも叶わず、手足痺れ覚束無く候なり」

「吉井川を渡河、利木において一息入れ候なり」「利木において人数を改め惣勢一千百五十有余これある処、節所の三石より船坂越え候いて、有年《うね》にて人数改め、隊伍離れ候者多く、相続き候者八百五十有余人」「姫路着は八日戌五つ（夜、八時）の頃合に候」（以上『武功夜話』）。秀吉が姫路城に到着したのは八日の夜のこと。この城は中国方面軍の拠点として秀吉が利用している城である。もとは黒田官兵衛の居城である。官兵衛が中国方面軍のために提供した城を秀吉は天正九年（一五八一年）に大改築している。秀吉の軍勢二万余がその城に入城する。

こうして秀吉軍の第二軍は六月六、七日、蜂須賀正勝隊の第三軍は六月五、六、七日と野営を張っての強行軍である。八日夜、兵士たちは久しぶりに雨露をしのぐ屋根の下で、泥のごとく眠ったことであろう。

二

六月九日の早朝、秀吉軍約二万は姫路郊外印南野《いなみの》（稲美町）で軍容を整え、姫路を発った。姫路のことは浅野長政に兵五千を預け、任せた（『浅野考譜』）。

姫路出発時の秀吉軍先手は鉄砲大将、中村一氏、ついで堀尾吉晴。秀吉の本隊は堀秀政らが固め、後陣は秀吉の弟羽柴秀長と、軍法通りに次々と繰り出す。

こうして秀吉軍勢は九日夜に明石に、十日夜兵庫（神戸）にと着く。そして尼ヶ崎に着いたのは十一日の巳の刻（午前十時頃）のことであった。

ところで、『武功夜話』によると姫路城に着いても一般兵士たちには敵はどこの国の何という者やら知らされていなかった。「敵は何国の何やら一向に存ぜず候」であった。「御内府公御生害候事聞き申すは尼ヶ崎着陣候の時」であった。

これが事実であれば、兵士たちは十一日着の尼ヶ崎において「信長公ご生害、敵は明智光秀」と明らかにされたことになる。それまで一般兵士たちに秘匿していたのは、無益な動揺、混乱を避けるためであった。

「六月二日、織田信長様は明智光秀の謀叛により、京都本能寺においてみまかられた。今回の戦いは信長公の『弔い合戦』である。『ご主殺し』光秀を討たぬ限り我らの生きる道はない。幸わい、反逆者光秀に加勢する者はいない。反対にわが方に味方する軍勢が続々と集まっている。この戦い、必ず勝つ。敵は山崎にあり、皆も努め励め！」

秀吉は六月十一日に現状を物頭を通じそう説明し、叱咤激励して士気を鼓舞していたのである。尼ヶ崎ではまた、大坂に帰陣中の神戸信孝、丹羽長秀、さらには摂津勢の池田恒興などの大名衆にも自軍の尼ヶ崎到着を知らせると同時に、彼らの参陣を求めた。「主君信長公の仇を討つ」、「今回の戦いは逆賊光秀を討つための義戦」という秀吉の主張する大義名分は絶大な効果があった。

同日（十一日）午後、同軍は尼ヶ崎を出発、冨田《とんだ》（高槻市）には十二日夜着いた。有岡城主（伊丹市）池田恒興をはじめ、茨木城主中川清秀、高槻城主高山重友らが相ついで秀吉陣に馳せ参じた。

かれらはそれぞれ人質を連れて来着したのであるが、秀吉はあっさりとその場で人質を返した。心底を見届けた以上は無用である、というのであろう。

十二日夜、冨田の野陣において軍議が開かれた。明日にでも山崎近辺で遭遇戦が始まるかも知れないからである。京、坂本方面に放った細作によると、丹波、若狭、近江、美濃（光秀出身地）などから集まった光秀軍はもう山城の勝龍寺、山崎辺りまで出張ってきているという。

評定の結果、山手方面の左翼隊は黒田官兵衛、羽柴秀長、神子田《みこだ》正治ら、中央の西国街道筋には高山重友、中川清秀、堀秀政、塩川吉太夫それに秀吉本隊、川手の右翼隊には池田恒興、加藤光泰、木村隼人、中村一氏らを配置し、三手構成で進撃することにした。

ここに高山、中川による先陣争いが生じた。「先鋒はそれがしに」「いや先陣はわが方に」というのである。

高槻城主高山重友は言う。

「敵近き地にある城主が先鋒を務めるは古来弓矢の常道」

中川清秀は言う。

「先陣後陣は居城が戦場に近い遠いによって決められるものではない。要は士気の多少如何による」というのである。結果は先陣高山隊、となるのであるが。

そうこうしているうちに丹羽長秀、蜂屋頼隆らが大坂から駆けつけてきた。

冨田では十三日午前中を休息にし、兵を休めた。そこへ昼頃、神戸信孝が淀川を越えて合流されたので、秀吉は声を立てて泣いた。信孝も涙を流された。軍の編成は終えていたので、信孝隊、丹羽・蜂屋隊らは予備軍として本隊に編入された。秀吉軍は四万ほどに膨れあがっていた。

盟主として秀吉は先輩丹羽を推したが、丹羽は秀吉を推した。織田軍団の次席家老を勤めていた丹羽としても、毛利と即座に和睦し、無傷の大軍を率いて帰って来た秀吉を立てないわけにはいかない。総大将は秀吉、信孝は後見役ということになった。

秀吉の軍勢は富田を十三日午後出発。明智と対陣する山崎に到着したのは十三日未の刻（十四時）頃であった。本陣は宝積寺（京都府長岡京市大山崎町）に置かれた。

ここで秀吉軍全体の軍勢をまとめておこう

○「山崎の戦い」秀吉軍陣営

山手方面（左翼隊）

黒田孝高

羽柴秀長（六〇〇〇）

神子田正治

中央西国街道方面

高山重友（二〇〇〇）

中川清秀（二五〇〇）

堀　秀政（二〇〇〇）

塩川吉太夫（一〇〇〇）

羽柴秀吉本隊（一二〇〇〇）
川手方面（右翼隊）
池田恒興（五〇〇〇）
加藤光泰（一〇〇〇）
木村隼人（一〇〇〇）
中村一氏（一〇〇〇）
本隊予備軍
神戸信孝（四〇〇〇）
丹羽長秀（三〇〇〇）
蜂屋頼隆（一〇〇〇）
計　四一五〇〇人以上

こうして秀吉は俗に「中国大返し」と言われる備中高松―姫路間の二十三里（九二キロ）、姫路―山崎間二十九里（一一七キロ）の計二〇九キロを九日間で走破したことになる。

昭和十三年制定の旧日本陸軍の「作戦要務令」によると、完全装備の歩兵の速度は時速

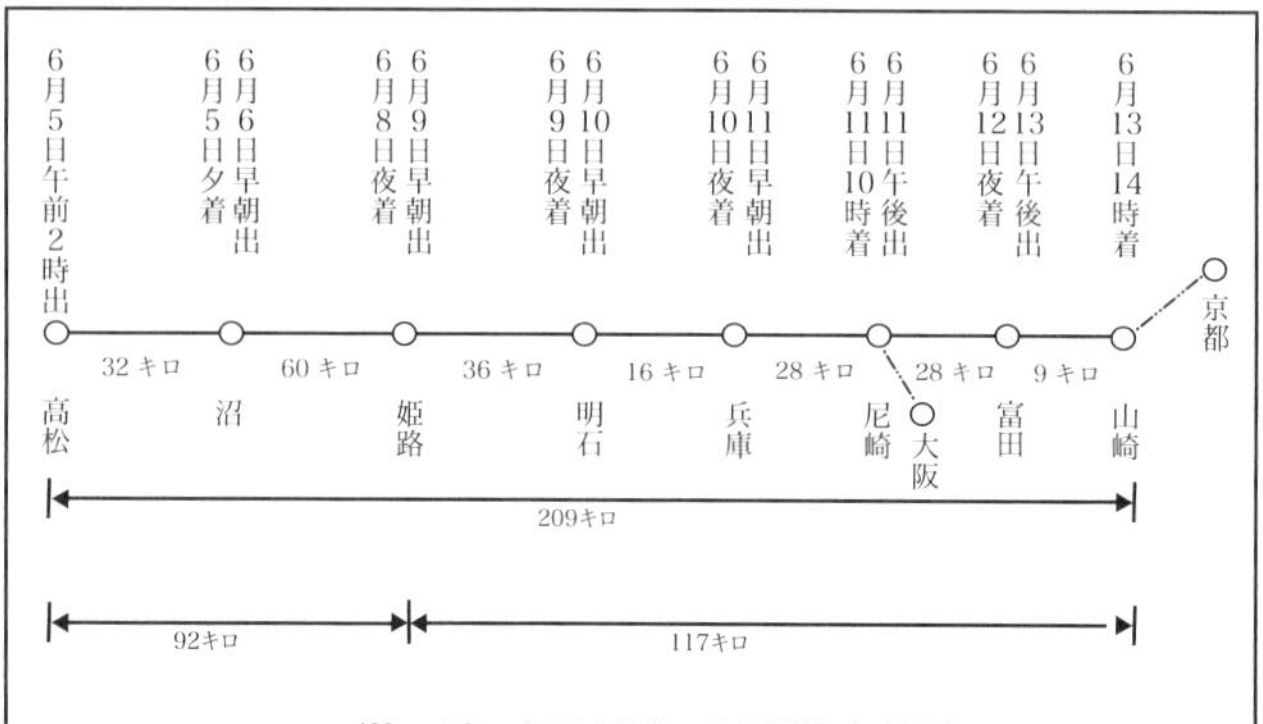

〈第二軍の中国大返し、各区間と全行程〉

四キロ、一日の行軍標準距離は二十四キロと定められていた。「中国大返し」軍の一日の行軍標準距離は単純に計算して二十三キロとなるから、これは旧軍隊並の過酷なものだったことがわかる。

その後の光秀の動き

一

さて、ここで主君信長を討ち果たしたその後の光秀の動静について述べなければなるまい。

六月二日に信長を討った後の光秀の行動計画は次のようなものであった。

(1)洛中の落人の探索・追捕
(2)織田政権の敵である上杉、毛利、長宗我部らの戦国大名に情報を提供し、柴田勝家、羽柴秀吉、神戸（織田）信孝らの動きを封じること
(3)安土城の占拠と近江の平定
(4)朝廷工作
(5)美濃、尾張の平定

(6)百日中に畿内の平定

(1)については『言経卿記』六月三、四日の項に「洛中騒動斜めならず」とあることからも、六月三、四日にもきびしい探索が行われていたものと思われる。

(2)については、六月二日付「惟任日向守」より毛利軍山陽道司令官「小早川左衛門佐」宛書状がよく知られている、これについては四十二頁で前述した。当然この種の書状は反織田政権の戦国大名に本能寺の変当日、発していたものと思われる。

光秀は六月二日午後に兵五千を引き連れ、近江に向かった。これは信長の本拠安土城占拠のためである。

まずは瀬田城（大津市）城主山岡景時を誘った。しかし山岡はこれを拒み、居城瀬田城に火をかけ瀬田大橋をも焼き落とし、甲賀方面の山中に退居してしまった。

光秀は膳所《ぜぜ》に留まり、山岡へ使者を出したが、山岡は「われは義をもって信条としている。逆臣の徒にどうして仕えることができようか」と使者を追い返してしまったという(『太閤記』)。

安土への道を閉ざされた光秀はその日の夕刻坂本に帰り、三、四日と近江、美濃などの諸将の誘降に手を尽くしていることは間違いない。しかし、光秀からの勧誘の書状はただ一通だけ残されている。後日の経緯から残しておいてはさし障りがあるので、処分されてしまったのであろう。

その一通とは美濃野呂城（各務原市）城主西尾光教にあてられたもので、それには「信長父子の悪逆は天下静謐の妨げであった」「自分はそれ故に信長を討った。天下を私する気はないので、貴殿は大垣城を攻めとられよ」とあった。他の諸将に対する密書の内容と大同小異というところであろう。

五日には橋の修復がなったので再び北上し安土に入った。安土城留守居の蒲生賢秀は信長の家族らを擁し、三日に難を近江国日野に避けていた。賢秀もこうして抵抗を示していたのである。

安土城には少数の兵しか残っていなかった。その兵は尾張、美濃に本領を持っていたので、本領めざし城を逃げ出してしまった。したがって安土城に蓄えられていた財宝、金、銀を、光秀は従来の部下や新たに従った諸将に与えて士気の高揚を図った。賢秀は「金、銀、名宝を乱取りするは世の嘲笑を招く」と手をつけずに去っていたのである。

近江の佐和山城（彦根市）は丹羽長秀の本拠であるが、光秀は前若狭守護武田元明に攻撃させてこれを奪い、同城に元明を入れた。秀吉の本拠長浜城（滋賀県長浜市）は前近江守護京極高吉の子高次に占領させ、齊藤利三を入れた。長浜城は杉原家次が留守を預かっていたが、秀吉の妻妾一族を伊吹山麓広瀬というところに避難させていたので無血開城となる。

近江の国衆たちは争って光秀のもとに馳せ参じたので、光秀は五日中にはほとんど一国を平定することができた。

こうして光秀は日野の蒲生父子を再度招いたが、蒲生父子は堅くこれを拒否した。

七日には勅使吉田兼見（神祇大副《しんぎたいふ》）が安土に来、光秀は安土城で会見した。兼見は「京都についてては別儀なきよう（京都についてはさし障りのないよう）」の朝廷の意向を伝え、朝廷からの緞子《どんす》一巻をおくっている。

八日、光秀は股肱の臣明智秀満に安土城を守らせ、坂本へ帰った。

九日、光秀は帰京していた兼見の屋敷に行き、兼見を通して禁裡に銀子五百枚、誠仁親王御所に同じく五百枚、五山や大徳寺にも銀子百枚ずつを献じ、勅使の兼見にも銀子五十枚を贈った。これは安土城にあった財宝の一部なのであろう。

この頃光秀が京都で行ったことと言えば、すでに述べたこと（大徳寺や五山への献金など）の他に、諸寺、諸院への寄進、洛中の地子《じし》（宅地税）の免除、阿弥陀寺の面誉《めんよ》上人に砂金二包を与えて本能寺で討ち死にした人々への供養を依頼したことなどがあげられようか（『明智軍記』）。京都で人心収攬につとめていたのである。

光秀は九日夕刻、京の下鳥羽に陣を布いた。京の北は安定したので、今度は南の方に意を注ぐことにした。大坂には反光秀派の神戸信孝、丹羽長秀の軍勢がいる。信孝陣に逃亡者が続出していたとしても一定の勢力はいる、警戒しなければならない。

南から京都に入るには大きく鳥羽街道から真っすぐに京都に入る道と、隘路の山崎を通っての西国街道をたどる道とがある。下鳥羽に陣を布いたということは、神戸軍が京都に入るとしたら鳥羽街道を通るものと仮定したのであろう。

二

ところで京都近くに大きな勢力をもち、光秀が最も頼りにしていた丹後の細川藤孝・忠興父子、大和の筒井順慶に対してはどうだったのだろうか。

細川父子が光秀の謀反を知ったのは、信長からの備中出陣の命を受け、忠興の居城丹後の宮津を出発したばかりの二日のことだった。光秀からの誘いの書状により知ったのだが、すぐに引き返し、三日に居城に帰ってその日、父子とも髻《もとどり》を切って信長に対する弔意を表すと同時に、光秀に義絶を伝えた。藤孝は家督を忠興に譲り名を幽斎玄旨と改め、忠興は妻たまを離縁し丹後の山奥の三戸野《みとの》（弥栄市）に幽閉してしまった。

細川父子は光秀の組下（与力）であったので、光秀は協力してもらえると信じていた。それに細川藤孝と言えば越前一乗谷にいた頃から共に足利将軍に仕えた仲である。また、忠興の正室は光秀の四女たま（後の細川ガラシャ）である。忠興は光秀の婿にあたる。したがって光秀にとって細川父子からの知らせは衝撃的なものであった。

細川父子に断られた光秀であるが、九日付で再び書状を細川宛に送っている。その時の書状は今も残っているのであるが、それを口語訳で紹介すると、

「一、御父子とももとどりを切られたそうですが、致し方ないことと思います。拙者も一度は腹を立てましたが当然のように思われます。そうではございますが、こうなった上は家老とか部将とかを出して自分に協力していただきたいものです。

一、御父子に進上すべき国として内々摂津をと考えながら御上洛をお待ちしておりました。しかし、但馬、若狭をと思うならそれでもよろしいです。必ず約束します。

一、このような思いがけない大事を執行したのは婿である忠興などを引き立てたいためであって、さらにほかの目的がありません。ここ五十日か百日のうちには近畿を平定する予定ですが、それ以後は十五郎や与一郎殿などに天下を引き渡し、拙者は隠居するつもりでおります。」

「十五郎」とは光秀の嫡子、「与一郎」とは忠興を差す。

細川藤孝はこの書状を見て、「この弱気、これでは天下は獲れない」と判断し、忠興に「我が軍を動かしてはならぬ。宮津でしばらく形勢を眺めるに及《し》くはなし」と厳命した。

光秀は二日、筒井順慶にも参陣を求めていた。順慶は光秀の組下（与力）で、七千もの兵を擁する最大の勢力である。

また、順慶は光秀の推挙で大和一国の大名となったいきさつもあり、当然自分の味方になってくれるものと光秀は思っていた。

順慶はどうか。順慶は本能寺の変を知ると、細川藤孝はもちろんのこと、光秀に与力していた摂津の大名たちもみな光秀に味方するものと思った。

その翌々日（六月四日）に順慶は兵の一部を山城槙島《まきしま》（京都府宇治市）城主井戸良弘につかわし、五日に光秀の指揮下に入れさせた。光秀からの要請によるものであった。

そこで光秀は大和、和泉、紀伊の三国を与えるという条件で順慶を誘い、光秀自身も六月十日に京都を発って、山城国八幡近くの洞ヶ峠で順慶の来るのを待った。しかし順慶はその日、ついに現れなかった。

この十日に順慶は、各地に放っていた細作により、細川父子や摂津の大名池田恒興、中川清秀、髙山重友などが反光秀側に回っているのを知ったのである。それに順慶は前日、秀吉が毛利と和睦し東上しているという情報も入手していた。

十日、光秀の指揮下にいた山城の兵を引き揚げさせた順慶は、同日光秀の使者藤田伝五に同心せざることを伝えた。そして居城大和郡山城に米、塩、味噌などを入れ、籠城の準備をしはじめた。

同じ十日、光秀は洞ヶ峠で、順慶を待つがついに現れず。待ち人来らずの光秀は十一日になって空しく本陣の下鳥羽に引きあげて行った。

「日和見」を意味する「洞ヶ峠」の真相はそんなところであろう。順慶自身洞ヶ峠に兵を引き連れ、日和見をしていたわけではない。

こうして光秀が当初考えていた(1)近江平定から(4)朝廷工作までは一応順調に見えたが、山岡景隆、蒲生賢秀、さらには細川藤孝父子、筒井順慶などの一連の動きを見ると、光秀は不安を覚えざるを得なかった。

山崎の戦い

一

光秀が九日、京・下鳥羽に本陣を置いたのは、当面の敵性軍は大坂にいる神戸信孝、丹羽長秀軍であろうと考えてのことである。光秀に対抗しうる一定の勢力は畿内ではこの神戸信孝軍のみ。そこで神戸軍討滅のために大坂に近い光秀の属城淀城（京・伏見区）や勝龍寺城（京都府長岡京市）を修築させていたのである。

光秀の敵が京に攻めてくるとすれば、北は瀬田川（瀬田橋）、南は天王山、男山の隘路あたりであろう。

北には長浜城、佐和山城、安土城、坂本城と光秀側の兵が詰めている。大事に至ると想定されるような敵は、さしずめ北では柴田勝家ぐらいのものとみているが、まだその動きは鈍い。柴田軍は上杉勢を相手にしているので簡単には動けないのである。

南はどうか。筒井順慶の動きが怪しい。筒井順慶が敵に回ったらどうなるか。淀城が背後から脅かされる可能性がある。そうなれば下鳥羽も危ない。下鳥羽より安心なのは勝龍寺城であろう。勝龍寺城は南北朝時代に築かれた城であるが、細川藤孝入城後、四囲に堀を二重にめぐらし土居を築き近世的な城郭に改められていた。前面には小畑川、桂川も流れている。

そこで光秀は本陣を十一日に下鳥羽から勝龍寺城に移した。泥縄式である。

そこへもってきて十一日、秀吉軍東上の情報が入ってきた。姫路を八日に発ってきた医師の施薬院全宗という人の知らせである。秀吉軍は早くも尼ヶ崎まできているという。秀吉の上洛は正に青天の霹靂であった。

十一日夜、光秀は急遽諸将を集めて作戦会議を開いた。

軍の編成として中央先鋒は齊藤利三と柴田源左衛門、阿閉貞征《あつじさだゆき》、山の手には松田太郎左衛門、並河掃部《かもん》、右備えには伊勢貞興《さだおき》、諏訪盛直、御牧景重、左備えに津田与三郎、村上清国、その後ろに光秀の本隊、という陣容となった。

その兵力はどうだったのであろうか。信頼のおける史料は少ないので推定ということになるが、次のようになるのではなかろうか（『太閤記』）。

○「山崎の戦い」光秀軍陣営

中央先鋒

齊藤利三	美濃衆	（二〇〇〇）
柴田源左衛門	〃	
阿閉貞征	近江衆	（三〇〇〇）
小川祐忠	〃	
溝尾勝兵衛	〃	

右備え

伊勢貞興	旧幕府衆	（二〇〇〇）
諏訪盛直	〃	
御牧景重	〃	

山の手

松田太郎左衛門　丹波衆
並河掃部　〃 }（二〇〇〇）

左備え

津田与三郎（津田信澄家臣）
村上清国 }（二〇〇〇）

御坊塚本陣《おんぼうづか》

光秀本隊（五〇〇〇）

計　一六〇〇〇

当面の主敵は秀吉となった。秀吉軍の入京を防ぐためには光秀軍には兵力の絶対数が足りない。そこで、秀吉の進出に合わせて男山八幡や天王山、淀城や山城に分散していた兵力を勝龍寺城に集中させた。それもまた十三日に入って、本陣を勝龍寺城から南西五町（〇、五キロ）ほどの御坊塚に移した。勝龍寺城を後備えの補給兵站基地としたのである。

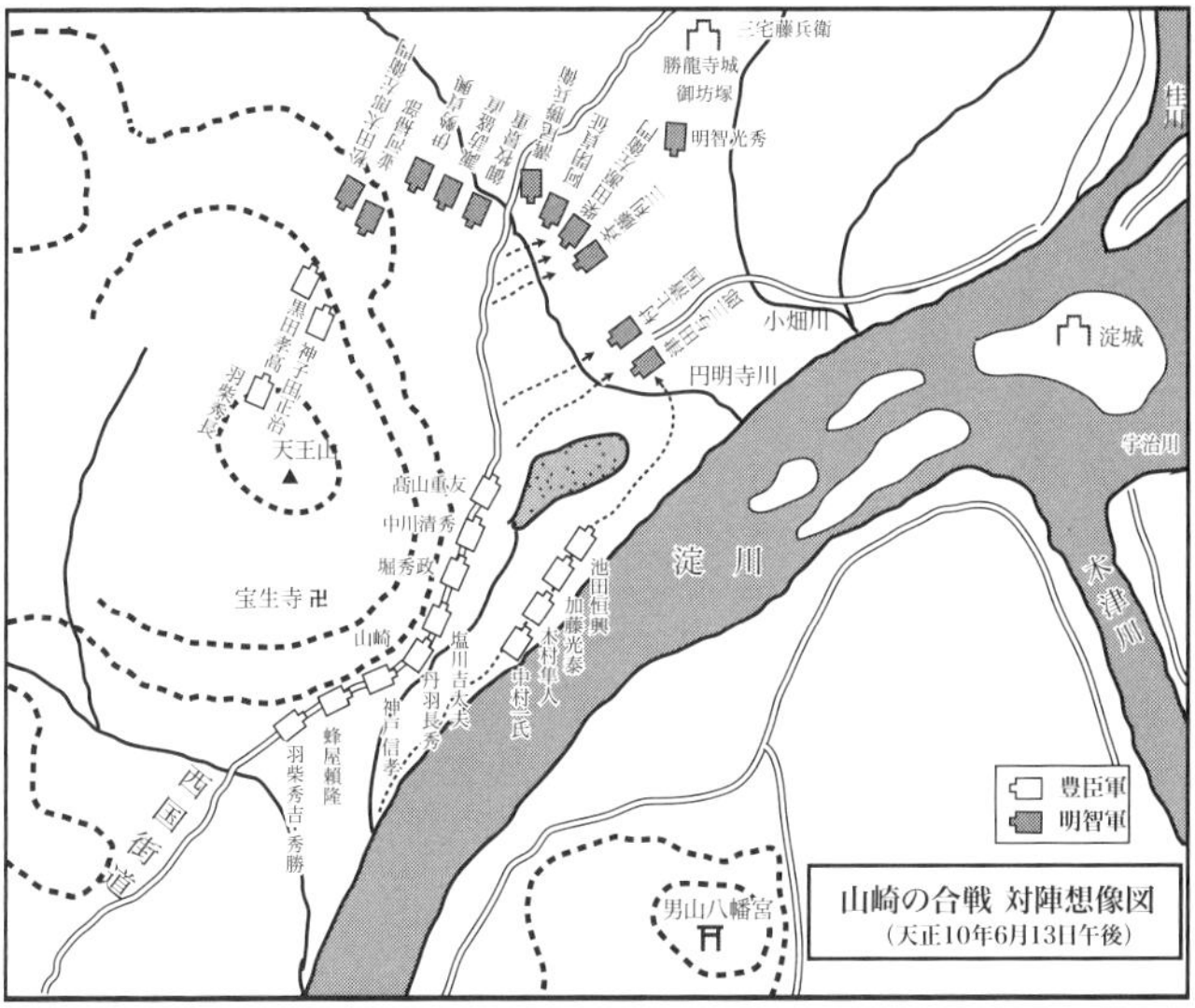

山崎の合戦 対陣想像図
（天正10年6月13日午後）

御坊塚は少し高台になっていて見通しもきく。前方には円明寺川が流れ、その向こうには大小の沼地や深田《ふけだ》も多い。その辺は当時湿地帯であり、その東は桂川となる。そこは桂川、宇治川、木津川と三河川が合流し大河淀川となるところ。淀川の右岸は天王山（標高二七〇メートル）であり、左岸は男山（標高一四三メートル）である。この高地に狭まれた隘路を山崎（京都府長岡京市大山崎町）と言う。言わば山崎は天然の要害である。京都盆地の喉元にあたる水陸交通の要衝である。

光秀軍は秀吉がこの隘路を出てくるところを逐次に撃破する、と考えたのであろう。

秀吉の上洛軍は大軍である。その大軍に抗するために、地の利を得た要害の地を選んだのである。

光秀、秀吉による山崎の戦いは早くも十二日夕刻から始まっていた。

髙山重友隊は山崎の町に入り、西国街道を支配下に収めた。中川清秀隊の一部は山手を進んで天王山を占領した。ここで光秀軍松田太郎左衛門の一部と中川隊一部の間で小競り合いが発生。

世に言う「天王山争奪戦」はこのことに尾鰭がつき誇張されてきたのであろうか。とにかく小規模の戦いであって、「天下分け目の天王山」「ここが天王山」（運命の別れ目を意味する比喩）と言われるほどの争奪戦があったわけではない。秀吉の右筆《ゆうひつ》大村由己《ゆうこ》の『秀吉軍記』にもこの点については少しも触れていない。良質の史料にも全て見えていない。

二

両軍決戦の幕は十三日の夕刻であった。梅雨時の頃で、降りつ止みつの雨の日であった。

この頃になると秀吉軍の大部分は隘路に当たる山崎を突破し、陣を円明寺川前面に展開していた。

まず、光秀軍の中央隊先鋒齊藤利三、柴田源三衛門隊が秀吉軍の先鋒高山重友、中川清秀隊へ攻撃をかけた。中央街道筋の高山、中川、それに堀秀政隊が加わり切りかえす。

北側山の手側で押して来た松田太郎左衛門、並河掃部隊には黒田孝高、神子田正治隊がぶつかり、羽柴秀長隊も加わってこれを押し返す。

南側淀川沿いに攻撃をしかけた光秀軍の津田与三郎、村上清国隊には池田恒興、加藤光泰隊がこれに当たる。

光秀の各方面軍は懸命に防戦し、当初は一進一退であったが、多勢に無勢。山崎の隘路を次から次へと繰り出す秀吉軍に光秀軍は押され、勝龍寺城へと後退してゆく。

特に川手の池田、加藤隊の進撃はすさまじかった。円明寺川を越えて突入してゆく池田、加藤隊に、さらには木村隼人、中村一氏隊が加わり、津田与三郎、村上清国隊は崩れ、光秀本隊が背後を脅かされるような形になる。

山の手の方は黒田、神子田隊に羽柴秀長隊も加わるので、光秀側松田、並河隊はどっと崩れる。光秀軍は両翼から包囲されるような形になってゆく。

この機を捉えて秀吉は総攻撃を命じた。光秀方先鋒は総崩れとなり、戦場を離脱する者が多くなった。戦場を離れた者は神足《こうたり》、久我《こが》縄手、西岡、桂川、淀、鳥羽へと逃げ込んでゆく。

山手側で光秀軍部将並河掃部以下数百名が戦死。右備え軍では指揮官伊勢貞興、諏訪盛直が戦死。

敗軍を見た部将御牧景重は光秀に使者を送り、「我、今討死にする。その隙にひとまず退却されたし」と伝えて、手勢二百を従へ敵方へと突入して行った。玉砕である。

光秀は御牧を救援しようとするが比田則家が馬の轡を押さえて、「敵は多勢、味方は逃亡する者が多く、今はまず城へこもり籠城するか、夜に紛れて坂本へ落ち給へ」と勝龍寺城まで導いてゆく。

『言経卿記』にあるように山崎の合戦は「即時に敗北」であった。十三日酉《とり》の刻（午後七時頃）のことである。

敗戦の将光秀は残った兵をまとめて勝龍寺城へと入った。その数、千余人。秀吉軍は光秀軍を追尾し、勝龍寺城を囲む。

光秀はいったん勝龍寺城に入ったが、城は平城《ひらじろ》、とうてい守りぬけない。そこで暗夜に乗じ光秀は勝龍寺城を北口から脱出した。北口には神足神社の森が続いている。本拠坂本城へ帰り再起を考えてのことであろう。

光秀は桂川の右岸を通り、久我縄手より伏見に向かった。従う者溝尾勝兵衛、進士作左衛門、村越三十郎、堀尾与次郎、比田則家、山本仙人、三宅孫十郎など近臣数名。大亀谷を過ぎて桃山北方の鞍部を東へ越え小栗栖《おぐるす》（京都・伏見区）の竹藪に差しかかった時、土民に竹槍で脇腹を突かれた。落ち武者狩りに遭ったのである。光秀は二、三町駆けて行った馬上からどっと転げ落ちる。腹部からどくどくと血が噴き出ている。

竹中半兵衛の息子重門《しげかど》の著した『豊鑑《とよかがみ》』には、「里の中通の細きを出でて行くに、垣ごしにつきける槍、明智光秀が脇にあたりぬ。されど、さらぬ体《てい》にて駆け通りて三町ばかり行き、里のはずれにて馬よりころげ落ちにけり」とある。

光秀は勝兵衛の手をとり、「首を打って知恩院に持参して灰にせよ。胴体は田の中へ埋めて隠して貰いたい」と首を打つよう求めた。勝兵衛は「情けなき仰せ、坂本へは今少しであります。しばらくの我慢を」と励ましたが、はや光秀は舌ももつれ声も聞きとれないほどになったので、勝兵衛はやむなく首を落とした。空は黒く、まだ雨が降っていた。十四日の未明のことである。

光秀の首は溝尾勝兵衛が馬の鞍覆《くらおおい》に包んで知恩院へ運ぼうとしたが、落人狩りに出会って田のくろに隠した。それを小栗栖の百姓長兵衛が見つけて拾い、秀吉陣営に届けたという。光秀享年五十一歳。首は秀吉命により十六日、本能寺の焼け跡に晒《さら》された。無惨な最後であった。

勝龍寺城では十四日の早暁、城将三宅藤兵衛が火を放って自刃。

安土城を守っていた光秀の従兄弟明智秀満は山崎での敗報に接し、十四日安土城を捨てて坂本城に入城。十五日、「敵が乱入したならば、外聞が見苦しいだろう」と秀満は光秀や自分の妻子を天守閣に集めて刺し殺し、焰硝《えんしょう》に火をつけ、自分は腹を掻き切って死んだ。

その際、国行の刀、吉光の脇差、虚堂の墨跡、これらを夜具に包んで「寄せ手の人々に申しあげる。寄せ手の大将堀秀政殿にこれを渡されよ。この品々は私物としてはならぬ天下の名品であるから、ここで滅じてしまえば、弥平次（秀満）は『傍若無人』と思しめされることであろう。それで相渡し申す」と言って、目録を添えて天守閣より下へ落とす。

秀吉の命で坂本城を攻めていた堀秀政の返事では、「御目録の通り、いささかも相違なく受け取り申した。お話し申しあげたいことがござる。日向守殿が内々にご秘蔵なさっている倶利伽羅の吉広江の脇差しはいかがいたした」

それに対して秀満は、「この品は、日向守が「死なばもろとも」と内々に秘蔵いたしておりましたゆえ、私が只今、腰に差している。日向守に死出の山でお渡し申すためである。そのことをお心得なされ」と答えたという。

丹波の亀山城には城主である光秀の嫡男光慶がいたが、逃亡兵を追走してきた高山重友、中川清秀らの軍勢に襲われて十四日午後には城は落ち、光慶は切られた。

それから齊藤利三については、近江堅田に逃れ、三日間不眠のため民家を借り熟睡しているところを、亭主に訴えられ斬首された。

あの壮麗を極めた外観五層、内部七重の楼閣安土城は、十五日に火災に見舞われている。誰が火を放ったかについては定かでない。

ここに光秀の天下は終わった。俗に「明智の三日天下」と言われているが、実質は十二日の天下であったと言えようか。権力を極めて短い期間握ることを「三日天下」というが、これはこの山崎の戦いに由来する成句である。

それにしてもあっけない戦いであった。隘路の山崎で敵をたたくという各個撃破作戦の取られた形跡もない。当初は山崎の隘路で、と考えたのであろうが、筒井順慶が味方に加わらないとなると、逆に後ろから攻撃される恐れもある。戦略が後手後手にと回る。敵の大軍と敏速な動きになす術もなかったのであろう。

戦う前から勝敗は見えていたと言える。十二日暁に洞ヶ峠にあった家老齊藤利三が光秀に使者を派遣し、「秀吉軍は三万の軍勢で攻撃してくるとのこと、明日の合戦は回避して坂本城へ退くのが良策」と進言している。近江などにいる光秀隊などを糾合して坂本で籠城作戦をというのであろう。この時光秀は「一戦もせず坂本へ逃げ帰ったとの噂が立てば光秀軍の信用にもかかわる」と利三を叱りつけ、その策をとらなかったという。

ところで山崎での光秀方の陣形を見ると、鶴翼の陣になっている。しかし、両翼から攻め立てるという戦術をとっていない。逆に自軍へ敵をおびき寄せるという戦術をとっているように見える。沼や川、深田の湿地帯に誘い込み、そこを討つという戦法なのであろうか。それにしても大軍には打つ手はない。

なお、後の調査によるのであるが、この戦いでの光秀軍の死者三千余人、秀吉側の死者三千三百余人とある。秀吉軍の軍勢は明智軍の二・六倍ほどであったから明智軍は意外と善戦していたと言えるかも知れない。

清洲会議

一

『清洲会議』とは山崎の戦いの後、尾張清洲城で行なわれた織田家の重臣会議である。

柴田勝家は本能寺の変後、上杉対策を佐々成政（越中富山城主）、前田利家（能登七尾城主）、佐久間盛政（加賀尾山城主）らに託して光秀討伐のために京へ向かった。そして天正十年六月十七日近江国柳ヶ瀬に到達したところで光秀の死を知る。山崎の戦場から秀吉が発した使者によってである。

勝家は「遅かった」と地団太踏んで悔しがったがあとの祭り。

柳ヶ瀬から清洲へと向かった勝家は、清洲城に着くと筆頭家老の立場から宿老たちに会議の招集をかけた。

会議の進め方の大筋は勝家、秀吉が連絡をとりあって決めた。

秀吉は山崎の戦いの後に近江方面の治安を安定させると、信孝とともに美濃方面に軍を進めていた。美濃は光秀の出身地であり、まだ明智方の勢力が残っていた。勝家、秀吉は距離的に近くにいたから互いに連絡をとりやすかった。

さて、その集う所は清洲城本丸黒木書院、日時は六月二十七日と決まった。清須が会場となったのは、信忠長子三法師が前田玄以に守られてここに避難していたからである。信長が非業の死を遂げてから二十五日、山崎の戦いからはわずか十四日目のことであった。会議に集う者、柴田勝家、羽柴秀吉、丹羽長秀、池田恒興の四人。柴田勝家、丹羽長秀は織田家の筆頭家老、次席家老の立場をそれぞれ占めていた人。池田恒興は有岡（伊丹）城主であり、信長とは乳兄弟。山崎の戦いに直接参戦し戦功をあげた人であり、秀吉の推挙によるものであった。

議題は織田家後継者の決定と織田家の遺領配分である。信長の遺児信雄（二男）と信孝（三男）は後継の当事者に目されていたし、また、そのこともあって家督をめぐりいがみ合い激しく争っていたため、会議のメンバーからは遠慮してもらった。互いの軍勢を対峙させるほど険悪であったので話しあえる状態ではなかったのである。

それともう一人、織田軍団長の一人である滝川一益は六月十九日の小田原北条軍との戦いで大敗を喫し、所領上野国を捨て這々《ほうほう》の体《てい》で本拠地伊勢長島に逃げ帰り会議には間に合わなかったので、この人も会議からはずれた。

徳川家康については信長の家臣であったわけではなく、言わば信長の同盟者、同僚、客人であり、それに会議の内容は織田家家中の問題であったから、会議のメンバーには入らなかった。

清洲会議は秘密会議であるから誰がどう発言したのか、確かなことは分かっていない。しかし、会議の結果から推して、その発言がいろいろと憶測もされてきたので、そのことから会議の模様をある程度推測することはできる。

織田家後継者を誰にするかについては、最初重苦しい雰囲気もあって誰も発言しにくい状況にあった。

まず、柴田勝家が後継者のことについておもむろにこう口火を切った。

「織田家跡目については私は三七（信孝）殿がもっともふさわしいと思う。それは織田家において人望が絶大であり、人格、識見においても申し分ない。部将としての資質にも恵まれており、主君信長殿が三七殿を四国方面軍の軍団長にしたのもその故である。それにこの度の光秀追討戦においても後継者としての力量を十分に果たした」と。

この発言は秀吉にも丹羽長秀にも予想されたことであった。

勝家は信孝の烏帽子親でもある。信孝元服の折、勝家は信孝に烏帽子をかぶらせ烏帽子名をつけたその人である。二人の関係は深い。

それに対し、丹羽長秀はこう反論する。

「勝家殿の発言ごもっとものことと思われる。しかし、世に長幼の序というものがある。信雄様は信長様の二男、信孝様は三男である。織田家ご一統、今まで信雄様を二男として崇めてきた。主君信長様もそれに信孝様も信雄様を二男として盛り立ててきた。長男信忠様がお亡くなりになった以上、二男の信雄様が家督を継ぐというのは当然のことではなかろうか」と。

ここで信雄、信孝二人の出生事情について述べておく必要があろう。

二人は信長の実子であるが、信孝の方が二十日ばかり早い。したがって信孝が織田家の第二子（第一子は信忠）であるが、生母の出自が低く、その上、出生の届け出が遅れたために第三子にされてきた経緯がある。信忠と信雄は同母であった。勝家、長秀両者の間には気色ばむところが次第に見られ、収拾がつかない。それにこれまでの勝家、長秀との間には実のところ、いろいろと因縁、確執があった。柴田勝家は性格的にどちらかというと傲慢剛直、一途な人柄で、同僚、部下にたいしては威圧的な態度をとることが多かった。ために、丹羽長秀と対立することもしばしばであった。長秀はその度に自分を抑えることが多かった。

この二人の硬直状況を収拾するかのように、秀吉はこう意見を述べた。

「信長殿の後継問題について、信雄・信孝様の二者択一ということではむずかしいように思われる。そこでどうであろう。信忠様亡きあとは信長様直系のお孫三法師様が跡目を継ぐということでは。織田家跡目は信忠様に決まっていたはず。その信忠様亡きあとはご嫡子の三法師様がふさわしい。右大臣公のご嫡孫こそおあとの正統。ここは筋目が大事である。信忠様亡きあとは三法師様がその筋目に当たる」

これに対して勝家は目を怒らして「三法師様はまだ三歳でござるぞ、三歳の幼児である若法師様に政権の運営はできまいて」

秀吉はそこでこう言う。

「そのことについては後見人を立て、合議制でやったらどうか。織田家中にはすぐれた人材が雲霞のごとく集まっておられる。その中からふさわしい人を選び、三法師様を補佐させたら政道は安泰というもの。一門、家中の者が皆力を合わせて三法師様を盛り立ててゆく外に道はない」

しかし勝家は秀吉の意見に猛反対、額には青筋を立て、唇がぷるぷるふるえている。後継については勝家と信孝の間に、信雄でなく信孝で、という事前の約束もあって、勝家は引き退がるわけにもいかない。

秀吉はここで一計を案じ、持病の腹痛《はらいた》と称して座を立った。そして別室で休息をとることにした。茶坊主たちが忙《せわ》しく立ち働く。

大部、時間が経ってから池田恒興が秀吉のところにやってきた。

「まだ腹病みは治りませぬか」

「いや大部よくなってきたようだ」

「それでは席にお戻りなされ。皆も待っておられる。勝家様も納得されたようであるから」

秀吉が席に戻ると勝家は

「いやあ、いやあ。先ほどはいろいろとお見苦しいところをお見せしてしまった。貴殿の言うところは後で考えると正論とおもう。腹痛も治ったようなので、話を次に進めていきたい」と。

これで後継者は三法師と決まった。

実はこの会議以前において、長秀、恒興は秀吉に懐柔されていたのである。秀吉が座を立ったのは、秀吉が面前にいると長秀、恒興は秀吉に阿《おもね》るように見え、発言しにくいであろう、ここは席をはずした方がよいと、秀吉は芝居を打ったのである。会議が事前に三対一の構成メンバーであれば、勝家としてもどうしょうもない。恒興が秀吉の推す三法師を支持し、長秀がそれに従ったのである。

二

次に織田家の遺領配分について。信長の本領と光秀の没収地の再配分である。

そのことについては次のように決まった。

織田信雄—南伊勢（旧）、尾張
織田信孝—北伊勢（旧）、美濃
織田信包《のぶかね》（信長弟）—伊賀
柴田勝家—越前（旧）
柴田勝豊（勝家養子）—秀吉の旧領近江長浜（十二万石）
羽柴秀吉—播磨（旧）、山城　河内
近江長浜十二万石は柴田勝豊（勝家養子）に割譲。
羽柴秀勝（信長四男・羽柴秀吉養子）—丹波
丹羽長秀—若狭（旧）、近江志賀・高島二郡（二十万石）
旧領近江佐和山（二十万石）は堀秀政に割譲。
池田恒興—従来の摂津有岡、池田のほかに大坂・尼ケ崎・兵庫（十二万石）を加える。
三法師　—近江坂田郡（二万五千石）、代官堀秀政

中川清秀―所領を畿内に（若干）
髙山重友―　〃　（〃）
蜂屋頼隆―　〃　（〃）
堀　秀政―丹羽長秀旧領近江佐和山（二十万石）を加増
後見人　―織田信雄、織田信孝
※三法師傅《もり》役―堀秀政
※勝家、秀吉、長秀、恒興の四人は三法師の補佐役。（それぞれ代理人を安土城に駐在させて合議制とする。京都の政治も当面四人がそれぞれ代表を出し、合議制の上で行う。）
※焼失した安土城は再建し、三法師はこれに移る。

遺領配分についても秀吉は事前に長秀・恒興と連絡をとり、二人を抱き込んでいたのである。自分に何らの相談もなく秀吉が勝手に決めていると勝家は怒ったが、秀吉は「勝家の清洲到着以前に信雄、信孝がせかせるので、その命に従がっただけ」と答えたという（『細川忠興軍功記』)。そしてさらに勝家が文句をつけると秀吉は「御弔合戦は我らが仕つり候。笑わしき事」と反発したのでつかみ合いの喧嘩になりかけたが、恒興、長秀らが間に入ってこれを納めたという(『同軍功記』)。

この会議では勝家の権威と発言権は大部失墜していたようである。山崎の戦いで遅れをとったためである。「山崎の戦いの勝利は秀吉の尽力によるものであるから、秀吉の申し立ても認めないわけにはいかない」、池田恒興の発言である。また恒興はこうも発言しているという。「山崎の合戦で勝利をもたらし、主君信長のご無念を晴らすことのできたのは秀吉殿のおかげである。柴田殿が合戦に遅れたのは自らのご油断からである。柴田殿は何らの戦功もなかった。これは確かである」

こうも言われて勝家は二の句が継げなかった。

秀吉の持ち分についても勝家は反対であった。秀吉の旧領近江長浜十二万石の割譲は勝家の主張であるがこれは切羽詰まっての勝家の発言であって、それに対して秀吉は面子《めんつ》にかかわる部分もあったが、柴田殿の養子勝豊様にならば、ということで意外にあっさりとそれは認めたという。

いずれにしても後継問題、遺領配分問題について勝家には不満が残ったが、他の三人に押し切られそのように決まった。四家老参集前に長秀、恒興が秀吉に懐柔されていたので勝家にはどうすることもできなかった。結局は秀吉の思惑通りに事は進んでしまった。

なお、清洲会議後の城主については次のように変わっている。

（清洲会議前の城主）　（後の城主）
岐阜城　織田信忠　　織田信孝
長浜城　羽柴秀吉　　柴田勝豊（柴田勝家養子）
大溝城　津田信澄　　丹羽長秀
亀山城　明智光慶　　羽柴秀勝
佐和山城丹羽長秀　　堀秀政
松ヶ島城織田信雄　　津川義冬
坂本城　明智光秀　　丹羽長秀
清洲城　織田信包　　織田信雄
安土城　織田信長　　織田秀信（三法師）

三

こうして清洲会議は終始秀吉主導によって行われた。これに対して信孝と勝家は脅威を感じ、憎しみを増幅させていった。信孝、勝家対秀吉の対立は深まってゆく。

その後間もなく、信孝は叔母のお市を独身であった勝家のもとに嫁がせることに奔走し、勝家は織田一門に連なる絆に感謝して信孝とともに秀吉との対立軸を一層鮮明にしてゆく。

一益も伊勢長島の本領を安堵されただけで全く加増されなかったので、勝家に「羽柴筑前と一戦あるべし」と書状を送り、反秀吉戦線を結成してゆく。秀吉もまた信雄を味方に引き入れて両陣営の衝突は避けられない状態になってゆくのである。

勝家とお市の方は清洲会議後間もなく岐阜において祝言をあげ、勝家はお市の方をともなって北の庄に帰国した。

秀吉もまた清洲会議後近江の長浜に向かい、長浜城の引き渡しの手続きなどをとって七月十一日上洛し、本圀寺に陣した。秀吉のもとには公家衆以下の訪問客が相ついだ。

秀吉はそれから合戦の思い出の地山崎に築城をはじめた。秀吉の本城は姫路城であるが地理的に京都から遠すぎる。それに近江の長浜城は清洲会議で柴田勝豊に譲っているので、京の近くに居城をもっていない。山崎の地はその軍事的重要性故、秀吉は築城を急がせた。

賤ヶ岳前哨戦

一

天正十年十月十五日、右大臣信長公の葬儀が京都大徳寺で行われた。喪主は信長四男で秀吉養子の秀勝（十六歳）が務めた。

秀吉は信長の生前、「私には子供がおりませんので上様からいただいた領土はいずれ上様のお子にお譲りしたい。つきましてはお子のお一人を養子に」と信長にお願いし、信長の四男御次丸（秀勝）をもらい受けていたのである。

「信長公亡くなって四カ月以上たつというのに誰も葬儀をしようとしないのはおかしいことだ。であれば俺がやるしかあるまい」、秀吉はそう言って秀勝を喪主に立てて、大徳寺で行うことに決めた。

それまで信長の葬儀が行われなかったのは、信長の遺骸が見つかっていないという事情もあったかも知れないが、信孝方、信雄方それぞれお互い牽制しあっていたことにもよろう。

十月の大徳寺での信長葬儀は豪華絢爛を極めた。

遺骸は失われたため沈香で彫像し、棺の中に収められた。棺は錦紗金襴で飾られた。棺を運ぶ輿の瓔珞《ようらく》や欄干の擬宝珠には金銀の飾りが惜しげもなくちりばめられていた。楽人たちが葬送の楽を奏でる中、棺の前は池田輝政が、後ろは秀勝が護衛に付き、その後を位牌をもった信長公八男長麿《ながまろ》（後の信好）が、さらに秀吉自らが信長公御太刀不動国行をもってその後に従った。

この行列は二列三千人に及んだという。行列は大徳寺から蓮台野の火屋（火葬場）に向かうのであるが、その沿道は羽柴秀長が三万の軍勢で警固した。

葬列の周囲には幟を掲げた兵士や音楽を奏でる楽人もつき従い、参列者は洛中、畿内の僧侶だけでも五百有余人、御導師・咲嶺《しょうれい》大和尚による古今稀有の大葬儀である。見物の群衆は雲霞のごとくであった。天下人信長にふさわしい絢爛たる内容の葬儀であったと、『総見院殿追善記』は伝えている。

秀吉はこの葬儀で信長傘下の武将の大半を結集し、信長の実質上の後継者は誰であるかを世に印象づけたのである。葬儀には勝家ら反秀吉派の武将は誰も姿を見せなかった。参加できないように手を打たれた上で、葬儀が執り行われたようである。

こうした秀吉の行動は勝家との間の緊迫感を一層強めたのは言うまでもない。

この十月十五日の信長葬儀をはさんで、勝家方、秀吉方間に微妙な書簡のやりとりがあった。

まず、葬儀の十日ほど前の十月六日に柴田勝家から秀吉方の堀秀政宛に一通の書状が送りつけられている。それは五ヶ条から成る詰問とも弁解ともつかない覚え書きである。

その第一条に勝家は、秀吉との協定に何事も違背していないことを述べ、第二条に各所に不平不満の声が起こっているのは清洲会議の誓約が履行されていないからとし、第三条に自分は一粒一銭たりとも私《わたくし》していない、知行についても私していない、第四条に三法師様を安土へ移すことについては大賛成である、と自分自身の潔白さを弁明し、第五条には内輪もめをやめようと主張し、最後に秀吉が山城に築城しているがそれは誰を敵とするのか、同じく織田領国内にありながら私に城を築くのは遺憾至極である、と秀吉の行動を強硬に難詰している。

堀秀政は元来信長の近習である。秀吉が中国攻めをしていた時は信長より軍監として派遣されていた人物である。山崎の戦いでは秀吉先鋒隊の将として軍功を立てた。十月六日のこの時点で秀政は、秀吉の家老にひとしい立場にあった。

一方、秀吉は勝家の覚え書を握り潰し、信長葬儀の直後に信孝の家老齊藤利堯《としあき》および岡本良勝宛に書状を送りつけた。

「信孝様は清洲会議のときの誓約にそむき、三法師様を手元から離さずいまだに安土の城に移さないが、これはどうしたわけか」と非難し、「近江の長浜を柴田勝家に与え、坂本を丹羽長秀にゆずったのも自分の正義にもとづくのだ」と恩に着せ、「信長公の御葬礼を大徳寺で施行したのも、ただ、亡君の恩義に報いる誠心からであって、他意はない」などと逆に信孝の態度を難詰している。当時信孝は三法師を擁して岐阜にいた。

その二日後の十月十八日、信孝は秀吉に一通の手紙を送り届ける。

「自分は清洲会議の誓約を守る、そなたも勝家と和議せよ」

秀吉はその手紙を苦笑して見ながら、「間もなく冬か。春までにはいろいろと片付けておかねばならぬことがあるわい」とつぶやいていた。

十一月二日、勝家は長浜の勝豊に命じて秀吉との和平を謀らせた。秀吉に好意を寄せる前田利家、不破勝光、金森長近とともに京都に上らせようとしたのである。

しかし、勝豊は病の床に臥していた。そこで、勝豊の書状を持参して、前田、不破、金森三人で山城の宝寺城（山崎）に向かうことになった。

勝家としてはその領国が越前であり、その組下の佐久間盛政が加賀、前田利家が能登、佐々成政が越中などと北国に居住していて、冬の間は雪に閉ざされ出兵困難な地である。したがって美濃の信孝や伊勢の一益との冬期の協同作戦は不可能で思うような軍事行動は展開できない。それ故、時間稼ぎのため勝豊に命じ、和平交渉を講じようとしたのである。

秀吉は初めから見え透いている勝家側との和睦の約束など守る意志はなかったが、表面上は穏やかに交渉に臨んだ。

十一月三日、秀吉は新築した山崎の宝寺城で彼らと会見し、勝家の申し出を快諾した。誓書の要求については、「長秀、恒興とも相談し、宿老の総意としてしたためる」として作成はしなかった。

前田、金森、不破の使者たちは大いに歓待された。人たらしの秀吉のことである。三人は彼の熱弁を聞いて感動した。帰るにあたって秀吉はわざわざ利家の宿舎を訪れ、「おぬしにはわしと勝家との間にあって苦労をかける」と、吉光の脇差と虚堂の墨跡を与えたという。

二

それから、舌の根もかわかぬ天正十年十二月十一日、秀吉は五万の軍勢を引き連れ、柴田勝豊の長浜城を囲んだ。

これは賤ヶ岳の戦いに連なる一連の前哨戦となった。軍勢は秀吉軍直属のほか、大和の筒井順慶、若狭の丹羽長秀、丹後の細川藤孝、摂津の池田恒興、中川清秀らの兵が中心である。五万と称しているが、少し誇張された数字であろう。

この「前哨戦」とは近江長浜城（城主柴田勝豊）攻め、美濃岐阜城（城主織田信孝）攻め、そして滝川一益領の北伊勢への侵攻等である。言わば柴田勝家が雪のために北国に閉じ込められている期間中の柴田勝豊、織田信孝、滝川一益に対する秀吉の各個撃破作戦な

のである。
　十一日、秀吉軍は長浜城を囲んでいた。勝豊は人質を差しだし、十五日に降伏した。積雪のため勝家の来援は期待できそうもないからである。勝豊の老臣木下一元や徳永寿昌《ながまさ》、山路愛国などの勧めにしたがって、勝豊はそう判断した。
　秀吉は長浜を攻めるにあたって事前に勝豊麾下木下一元、大鐘藤八郎、徳永寿昌らに勝豊が降伏するよう工作していたのである。
「越前は雪のため北陸勢の来援は期待できません。ここはいったん降伏して春を待つことにしたらいかがでしょう」、家臣徳永の進言である。

それにこの頃勝家は同じ甥で豪勇でうたわれる佐久間盛政に目をかけていて、盛政を柴田家の後嗣にするという噂もあり、勝家、勝豊間には確執があった。それと長浜城は秀吉の旧城であって、秀吉は城の長所も欠点についても熟知しているので、とても攻城に耐えられないこともある。かてて加えて勝豊はこの頃健康を害していた。

秀吉は人質を受け入れると勝豊を許し、そのまま勝豊を城主にした。

勝家が雪に阻まれている間の秀吉の次の攻略は美濃岐阜城織田（神戸）信孝である。長浜を開城させた秀吉は間もなく美濃へと軍を進めた。すでに池田、筒井、丹羽、細川ら武将たちは岐阜城を囲んでいた。

十二月十六日、美濃大垣城に入った秀吉は城主氏家直通から人質を徴し、西美濃衆を従えた。ついで、秀吉は美濃兼山城主森長可をも誘い信孝にそむかせ、東美濃衆をもしたがえさせてしまった。彼らは織田信孝の与力であるが、秀吉からの誘いの書状に接し、それぞれ人質を差し出し降伏した。これまた、人たらし秀吉、のゆえんである。

裸城同然となった信孝も三法師秀信を、そして人質として母と娘をさし出し、秀吉に降る。十二月二十日のことである。まことにあっけない結末であった。

このように多数の家臣どもがいとも簡単に信孝から離れてしまったのは、信孝が清洲会議で美濃の支配者となってまだ半年も経っていなかったからであろう。前後関係もできあがらぬうちの戦乱の中であったのである。

これで秀吉は信孝の手から幼主三法師を奪い取って修復なった安土城に移し、信雄を迎えてその後見人に置くことができた。美濃攻略の目的は達せられた。

秀吉が主筋の織田信孝を攻めたのは信孝を亡ぼすためではない。清洲会議で決定している三法師を岐阜城から安土城へ移すためである。信孝は清洲会議後、三法師を自分の手元に置き手放さないでいる。そして自分が実質上の織田家頭領のような態度をとっている。そのために秀吉は主殺しの汚名を避けるためにも信雄を前面に立て、信雄の命により信孝を攻め立てているという形をとっていた。諸将には「信雄様と三法師様を安土にお迎えするために兵を出せ」という大義名分をとっている。これで秀吉は勝家一党の信孝をもたたいた。

秀吉は信孝から人質を徴して後は信孝をそのまま岐阜城主とし、二十九日山城宝寺城に凱旋した。

翌天正十一年閏正月四日、信雄は三法師とともに織田家諸将の新年の賀詞を安土城で受ける。秀吉もその賀詞を述べた。もちろん織田家当主は三法師秀信である。信雄はその後見人である。しかし、実質上の織田家家督は信雄にあることを秀吉は盛んに宣伝していた。信雄は得意の絶頂にあった。

秀吉がそれから山崎宝寺城に帰って間もなくの頃、北伊勢の長島城主滝川一益は配下の亀山城主関盛信が秀吉に降伏したとの情報を得た。一益は激怒した。

一益は三千騎を率いて亀山城を陥し、一益重臣佐治新介をそこへ入れた。関盛信は城を捨て、山崎の秀吉のもとへ逃げ込んだ

調子に乗った滝川一益は秀吉方へ寝返っていた峯城（城主岡本良勝ー旧信孝家臣、秀吉方）、関城（城主関一政ー盛信子息、秀吉方）を次々に攻め取った。

「春になって俺が動くまで絶対に動くな」という勝家の忠告を無視しての、秀吉方へ下った城への攻勢である。

その頃、また南伊勢で一揆が起こっている。元の国司北畠の残党が立ち上がったのである。これに応じて伊賀にも一揆が起こった。信孝、一益がこの背後にあって煽動していた。

南伊勢は信雄の所領である。

信雄は秀吉に訴え出た。一益の動きを知った秀吉は喜んだ。「一益め、こっちの罠にひっかかったわ」

そもそも関盛信が秀吉と誼を通じたのも秀吉からの誘いである。

三

天正十一年閏正月二十八日、秀吉は「三法師に代わって一益を討つ。信雄様のご命令である」と声を大にして起ち、ふたたび近江に軍勢を集めた。諸大名に出陣の回状を回したのである。「堀秀政の佐和山城（彦根）に集まれ」と。

総勢五万の軍勢で三方向からの北伊勢侵攻がはじまった。

左翼軍の羽柴秀長軍（秀吉弟）一万五千は二月十日佐和山から近江米原を通って美濃関ヶ原に入る。そこから南下して土岐多羅越で桑名城（城主滝川一益）へ。中央軍三好秀次（秀吉甥）、中村一氏軍一万五千は佐和山から東進し大君ヶ畑《おおじがはた》越で桑名城へ。

右翼軍の羽柴秀吉軍本隊二万は佐和山から安土を経て日野に入り、安楽越で峯城（城将滝川益重ー一益甥）へと侵攻した。この峯城城主は信孝家老岡本良勝であったが、岐阜城開城後秀吉方となっていて、その後一益に攻められ滝川益重が城将となっていた。

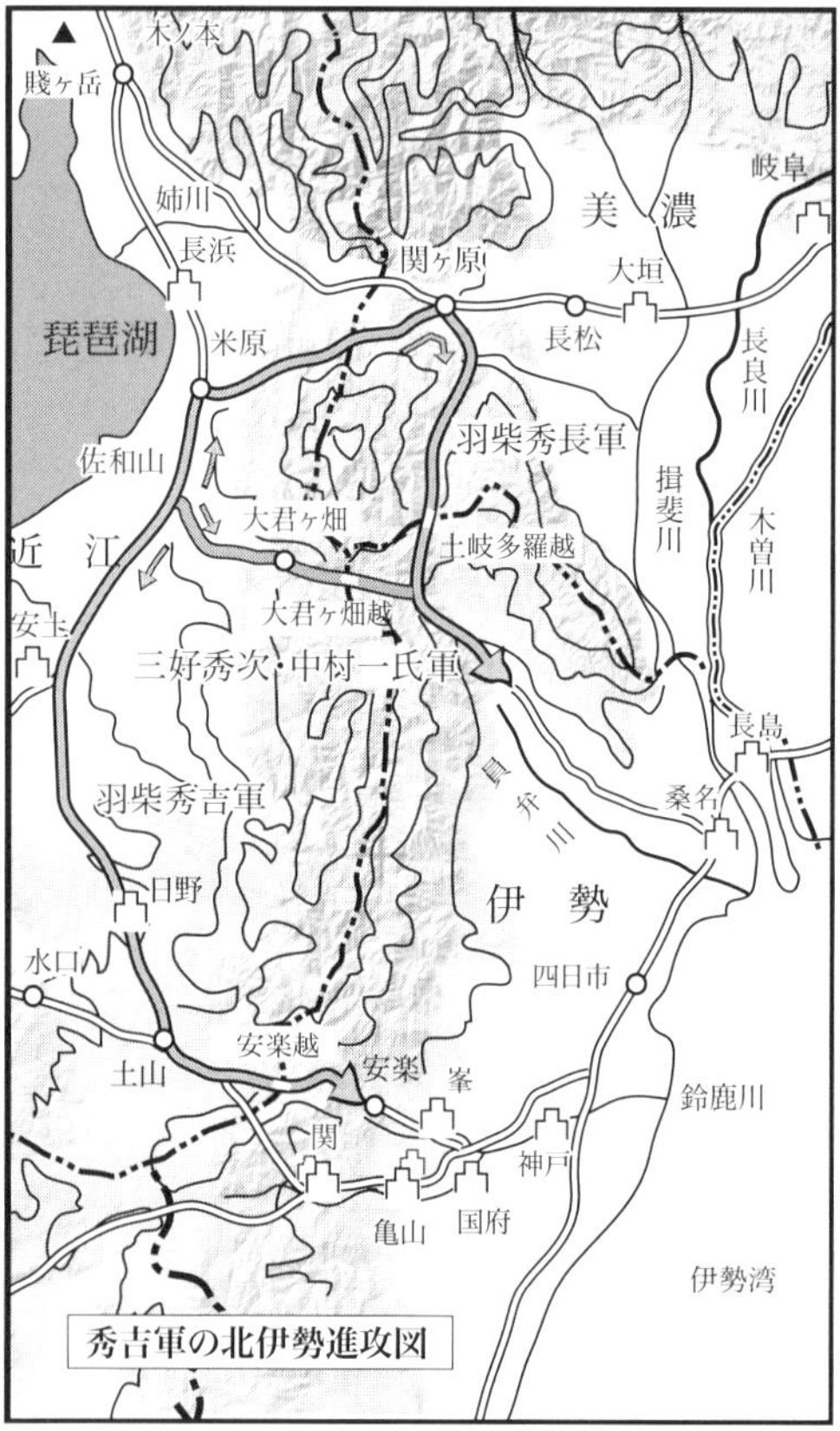

秀吉軍の北伊勢進攻図

二月十二日、右翼軍の秀吉軍本隊は滝川益重の立て籠もる峯城を囲み、ついで亀山（城将佐治新介）、国府《こう》（城主国府盛種)、関(城将滝川忠征)の諸城を攻めた。

国府城は二月二十日に陥ちた。次いで亀山城が三月三日、関城が三月七日に陥ちた。

亀山城の場合、城将はこの時点で一益重臣佐治新介であるが、遅れてきた織田信雄軍にも囲まれて、開城したのは三月三日。佐治新介は城を蒲生氏郷に明け渡すと、伊勢長島城(城主滝川一益)へと逃れた。

この後、長島、桑名、峯などの攻城戦が展開されたが、次第に膠着状態に陥っていった。

峯城の城将益重は三千ほどの精兵で天険の要害峯城をよく守り善戦していたが、四月十七日城内の糧食尽きてついに開城した。賤ヶ岳の開戦直前のことであった。益重は長島に逃れた。残るは一益の本城長島、桑名城だけである。

賤ヶ岳の戦い　（その1）

一

柴田勝家はこの間、雪に阻まれて出兵することもできず、越前北の庄城にあってイライラしながら北伊勢の情勢をじっと見ていた。

しかし、ただ漫然と時間を過ごしていたわけではない。遠く安芸の毛利輝元、出雲の吉川元春、備後の小早川隆景、さらには備後の鞆の浦に保護されている足利義昭、あるいはまた、四国の長宗我部元親、駿河の徳川家康とも連絡をとり、秀吉の背後を突かせるなどの挟撃策を試みていたが果たせずにいた。

勝家は苛立つ。近江の柴田勝豊が、続いて美濃の織田信孝も秀吉方に降伏し、今また北伊勢の情報である。春になったら越前、美濃、伊勢三方から近江へ侵攻という作戦もこれでは全く崩れてしまう。勝家はもう我慢ができなかった。

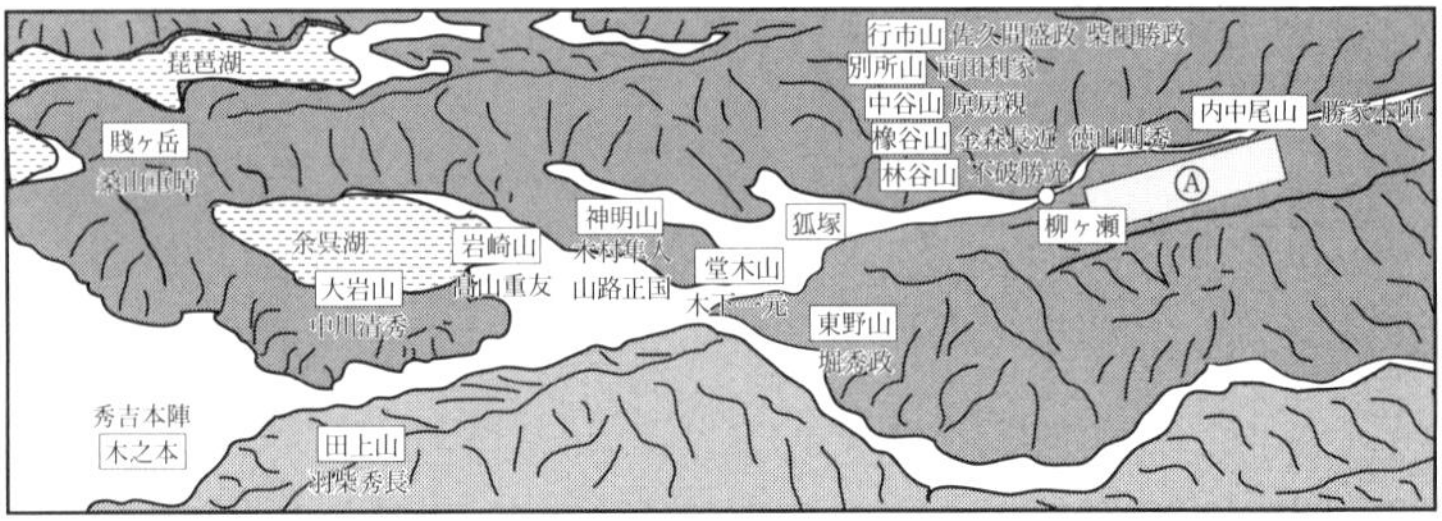

賤ヶ岳布陣図

まず先発隊の前田利家隊二千が雪を蹴散らして北の庄城（福井）を出発する。天正十一年二月二十八日のことである。三月十七日の出兵予定を早めての出陣であった。勝家は 越後の上杉景勝には越中の佐々成政をあたらせた。

三月三日には佐久間盛政隊六千が加賀衆を率いてこれについだ。北国の北陸はまだ雪が深かった。

佐久間隊は三月八日に北近江に入り、行市山というところに陣を敷いた。佐久間隊は先に別所山に入山していた利家隊とともに、行市山、中谷山、橡谷《とちたに》山、林谷山にと次々砦を築き、各砦間は通路で結び巨大陣地を構築した。

総大将の勝家本隊二万は三月九日に北の庄城を出発、十二日に江北に入り柳ヶ瀬の北方内中尾山に本陣を置き、また堅固な砦を築いた。

勝家の江北出兵の報に接し、秀吉は織田信雄、蒲生氏郷などを亀山城に入れて滝川一益にあたらせ、自らは三月十二日、堀秀政の居城である佐和山に伊勢から移動し江北出陣のための体勢を整える。

こうして秀吉軍約五万は佐和山を十三日出発、長浜から木之本にと北上し三月十七日同地に着陣、勝家軍約三万と対峙する。いよいよ秀吉、勝家、対決の時が至る。

秀吉の右筆大村由己の『秀吉軍記』にはこの時の部署を次のように記している。

一番　堀秀政（近江佐和山城主）
二番　柴田勝豊（同長浜城主）
三番　木村隼人・木下昌利・堀尾可晴（吉晴）
四番　前野長泰・加藤光泰・浅野長政・一柳直末
五番　生駒正勝・黒田孝高・明石則実・木下利匡・大塩金右衛門尉・山内一豊・
　　　黒田長政
六番　三好秀次・中村一氏（和泉岸和田城主）
七番　羽柴秀長（播磨姫路城主）

八番　筒井順慶（大和郡山城主）・伊藤掃部助《かもんのすけ》
九番　蜂須賀家政・赤松則房
十番　神子田正治・赤松則継
十一番　細川忠興（丹後宮津城主）・高山重友（摂津髙槻城主）
十二番　羽柴秀勝（丹波亀山城主）・仙石秀久（淡路洲本城主）
十三番　中川清秀（摂津茨木城主）
十四番　秀吉馬廻　　（以上『秀吉軍記』）

この馬廻りは秀吉親衛隊であり、親衛隊には秀吉子飼いの大名となる加藤清正、加藤嘉明、片桐且元、石田三成、福島正則、脇坂安治、大谷吉継といったそうそうたる若者達が秀吉の身辺を警護していた。

三月十七日、木之本方面に到着した秀吉は軍勢を東野山、堂木山、神明山、岩崎山、大岩山、田上山、木之本、賤ヶ岳、海津に置き、それぞれに砦を築きはじめる。本陣は木之本とした。

ここで秀吉方、勝家方の勢力比はどのようになっているのか、石高と動員兵力からさぐってみよう。（参考、①『図説・戦国地図帳』学習研究社二〇〇三、②『秀吉戦記』谷口克広著、集英社発行、一九九六）

ここに示されている数字は慶長三年（一五九八年）現在の石高であるが、これは天正十年（一五八二年）から行われたいわゆる「太閤検地」が基盤になっているので、その数字は賤ヶ岳の戦いの時期とあまり変わらないであろう。

（秀吉支配地）

播磨――三六万石（羽柴秀吉）
但馬――一一万石（羽柴秀長）
因幡――　九万石（宮部継潤）
伯耆――一〇万石（うち半国、南条元続）
備前――二二万石（宇喜多秀家）
美作――一九万石（宇喜多秀家ほか）

備中―一八万石（石高十八万石あるが、領地は足守川東であるから五分の一程度の
三万六千石か、領主未定）
丹波―二六万石（羽柴秀勝）
山城―二三万石（羽柴秀吉）
計一五四、六万石

（秀吉与党の地）
丹後―一一万石（細川忠興）
摂津―三六万石（池田恒興・中川清秀・高山重友ほか）
河内―二四万石（若江三人衆、三好康長）
大和―四五万石（筒井順慶）
伊勢―五六万石（秀吉方織田信雄・織田信包二十八万石）
（勝家方織田信孝・滝川一益二十八万石）
近江―七八万石（大部分は羽柴秀吉方）

若狭―　九万石（丹羽長秀）
美濃―五四万石（羽柴秀吉方二十七万石、織田信孝二十七万石）
尾張―五七万石（織田信雄）
　計二一五万石

一方、勝家方の方はどうであろうか。

（勝家支配地）
越前―五〇万石（柴田勝家）
加賀―三六万石（佐久間盛政）
能登―二一万石（前田利家）
越中―三八万石（うち三分の二、二十五万石ほど佐々成政）
　計一三二万石

（勝家与党の地）

美濃―五四万石（うち半分織田信孝、二十七万石）

伊勢―五七万石（うち半分織田信孝・滝川一益二十八万石）

近江―若干

計　五五万石

当時の兵の動員力は一般的に百石につき二～三人と言われている。仮にその中間をとって二、五人とすると、支配地の石高から見て秀吉方の兵の動員可能数は三八〇〇〇人、勝家方の兵の動員可能数は三三〇〇〇ほどとなる。妥当なところであろう。

もちろん、これは単に机上の計算から追ってみての数値ではあるが……。秀吉与党の地の石高は三百十五万、勝家方のそれは五十五万石ほどで、この点では秀吉方の方が圧倒的に多い。

次に賤ヶ岳の戦いにおける両陣営の実際の動員兵力について、諸史料を参考にしながら推測してみよう。

賤ヶ岳の戦い　（その1）

（賤ヶ岳の戦い・参戦数・秀吉方）

神明山	（木村隼人・山路正国）	一、〇〇〇	第一防衛線
堂木山	（木下一元）	一、〇〇〇	
東野山	（堀秀政）	四、〇〇〇	
大岩山	（中川清秀）	一、〇〇〇	第二防衛線
岩崎山	（高山重友）	一、〇〇〇	
賤ヶ岳	（桑山重晴）	一、〇〇〇	第三防衛線
木之本	（秀吉本陣）	三〇、〇〇〇	
田上山	（羽柴秀長）	六、〇〇〇	
海津	（丹羽長秀）	四、〇〇〇	索制隊
計		四九、〇〇〇	

（賤ヶ岳の戦い・参戦数・勝家方）

（　Ⓐ　）		不明	第一防衛線
行市山	（佐久間盛政・柴田勝政）	六、〇〇〇	第二防衛線
別所山	（前田利家）	二、〇〇〇	
中谷山	（原房親）	一、〇〇〇	
橡谷《とちたに》山	（金森長近・徳山則秀）	一、五〇〇	
林谷山	（不破勝光）	一、〇〇〇	
内中尾山	（柴田勝家・本陣）	二〇、〇〇〇	第三防衛線
	計	三一、五〇〇	以上

Ⓐの部分については一応、第一防衛線としたが、防衛線となると砦が築かれ防御工事を施し、部将に指揮された軍兵が数百～数千単位でいたことになるが、これが皆目わからない。しかし、陣形から推して、Ⓐにも相当の兵力を秘していたのではなかろうかと私は思っている。もっとも史料的にはこれについては何も見えないのであくまでも推測ではあるが……。

勝家は柳ヶ瀬に強固な防衛ラインを構築した後、動かなかった。

秀吉はその陣形を偵察して、勝家の長期持久戦を感じとった。開戦はもう少し春になるのを待って、という勝家の考えもあろう。毛利輝元、長宗我部元親、徳川家康などの助力を期待して、という考えもあろう。山岳戦を得意とする勝家である。地形を巧みに利用した砦で敵を待ち受けるという守勢作戦を考えてのこともあろう。

「勝家には動く気はないな。これは持久戦になる。この状態ではうかつには攻められんぞ」

と秀吉は思った。

両軍対峙のまま、膠着状態は続いた。

二

三月二十七日、秀吉は弟羽柴秀長を本陣に呼んだ。

「わしはちょっと長浜に帰る。そちはわしの代わりに木之本にいて指揮をとってくれ。くれぐれも言っとくが、こちらからは手を出すなよ。相手の動きを待ってたたくのだ」

翌日、秀吉は長浜に帰った。秀吉のこと故、単なる休息ではあるまい。何か策があるのであろう。

四月に入ってまもなく、神明山にいた柴田勝豊の部下山路正国、大鐘藤八郎らが柴田側に寝返るという風説が流れた。これは佐久間盛政が山路正国のもとへ密偵を忍び込ませ、裏切りを約束させていたものである。

「勝豊は養父の勝家殿を裏切った。貴殿は柴田家代々の臣。いまは勝豊も秀吉のまったくの傀儡。病気のため元気もなくただおろおろしているばかりではないか」と、盛政は密偵を通して山路を説得した。

そして、勝豊を離れたら勝豊の旧領越前丸岡十二万石を与えると勝家は約束している、と誘ったのである。

山路の行動に不審を抱いた徳永寿昌《ながまさ》（勝豊家臣）は「山路と大鐘の様子がおかしい」と木之本の羽柴秀長に報告した。秀長は神明山にいた山路と大鐘を堂木山砦に移し、木下一元と同陣させた。正国の抜けた部署には堀尾可晴が入ることになった。

四日未明佐久間盛政が三千騎を率いて神明山に攻撃を加えてきた。神明山には山路、大鐘がいるものと思い仕掛けたのである。しかし、内部からは火の手もあがらず何の反応もなかったので、佐久間勢は空しく引きあげていった。

四月五日、柴田勝家は自ら八千騎を引き連れ、堀秀政隊の東野山を襲った。秀政隊からは猛烈な一斉射撃。柴田軍も激しく鉄砲隊が応戦。壮絶な銃撃戦となった。

実は堀秀政、名にし負う戦上手。東野山の砦を鉄砲隊で固めて、敵の出てくるのを待っていたのである。「戦機熟せず」と判断したのか、勝家は柳ヶ瀬方面へとすばやく撤退した。

この小戦闘で柴田軍には五百人ほどの死傷者が出たとされている。しかしそれは秀政からの秀吉への報告であって、実際はもっと少なかったであろう。約半刻（一時間）ほどの小戦闘であった。

勝家のこの日の動きは何が目的なのか判明しないが、四日未明の佐久間盛政隊の動きと何か連動しているのであろうか。

四月十三日、堂木山砦にいた山路正国が佐久間盛政の陣営の行市山砦に駆け込むという事件があった（『天正記』）。

正国は神明山の木村隼人を十三日朝、茶の湯に招待してこれを殺し神明山・堂木山に勝家の兵を引き入れようとした。しかし、そのことを密告する者がいて、隼人は病気と言って急遽正国の招待を断った。正国は自分の行動を隼人に感づかれたのを知り、白昼自分の陣所に火をかけ、佐久間盛政の陣所に走ったのである。

正国は母と妻子七人を秀吉のもと（長浜）に人質として送っていた。正国の旧臣二人の手助けで十二日、七人は琵琶湖へと脱出を図ったが途中捕らえられ、後に秀吉の命によって逆さ磔にかけられた。

この同じ十三日、北伊勢の滝川一益が桑名城から織田信雄の属城今尾城に攻めかかった。同日、岐阜の織田信孝もこれに呼応して七千騎の兵を率いて出撃。秀吉方稲葉一鉄の清水城《きよみず》、氏家直通の大垣城へと攻め立て、城下に火を放った。

信孝は秀吉に人質を差し出していたが、「勝家と秀吉が戦えば勝家が勝つ。だから人質は大丈夫」と老臣たちの言うことも聞かず、対決姿勢を強めていた。

「これで一益も信孝も揃ったな。まずは信孝を討つ」と秀吉は長浜から急ぎ、動き出した。

前年十二月二十日、信孝が秀吉に降伏した日に差し出していた信孝の母と娘、それに信孝の乳母が安土城に蟄居していたが、「この度は許せぬ、斬れ」の秀吉の一言によって安土に消えた。

秀吉は二万の軍勢を引き連れて美濃大垣に急いだ。四月十六日のことである。

大垣城に入った秀吉はすぐに信孝の岐阜城攻略の軍議をもった。しかし、先日来の雨で揖斐《いび》川は水かさが増し、渡河できない。やむを得ず数日間大垣に滞在した。

この年の四月十六日は今の太陽暦に直すと六月六日にあたる。季節はすでに梅雨に入っていて、来る日も来る日も雨が多かったのである。

三

行市山にいた佐久間盛政は降将山路将監正国から木之本での秀吉不在と、大岩山、岩崎山の砦（第二防衛線）が脆弱であることを聞き出していた。

そこで内中尾山に勝家を訪ね、勝家にそのことを告げて自分の手で攻撃したい旨、話した。

軍議が重ねられた。勝家は当初、盛政の考えに反対であったが、盛政の執拗な意見に押され、その策を許すことにした。

「ただし、大岩山を陥したら必ず元の陣へ戻れ。これは中入れであるから、大岩山に止《とど》まってては危険である。すぐにそこを立ち退き行市山へ戻ることだ。これだけは絶対守ってもらうぞ、よいか」

「ははっ、仰せの通りに」

「中入れ」とは奇襲部隊を敵の後方に入れて撹乱することである。場合によっては敵に包囲され奇襲部隊の全滅ということもありうる。敵の陣営に深入りすることによって強大な敵勢の反撃を受けた場合、敵に内応したり脱走したりする者も出てくる。成功すれば敵の戦意をくじき、味方の進出を早めて一気に戦局を変えるという魅力がある。

「前田利家、原房親、徳山則房、不破勝光、拝郷家嘉《はいごういえよし》の軍勢も連れて行け」、勝家の指示である。盛政は喜んだ。勝家はさらに言う。「わしも東野山の堀秀政を牽制するために本隊から七千を引き連れ、狐塚まで出陣することにする。盛政、しっかり頼むぞ」

四月二十日丑の刻（午前二時）、佐久間盛政率いる一万二千の奇襲隊は峯伝いに深夜の山道を南下した。燈火を消し、馬には枚《ばい》を含ませた。途中の茂山に前田父子の部隊二千を神明山、堂木山の抑えとして残し、余呉湖に沿って粛々と南に下がった。湖畔の北回りの道は湿地帯であるので、大軍の進行には向かない。結局南回りとなる。前田隊が意外と少ないのは国許に上杉方や一向一揆のために主力を残して来たからであろう。途中賤ヶ岳の抑えとして柴田勝政（佐久間盛政弟）隊三千を残した。

盛政は残る七千ほどを率いて余呉湖の東湖岸を北上し、夜明けとともに野呂浜から一気に中川清秀の守る大岩山の砦へと駆けのぼった。

中川清秀は剛の者である。一千の守兵を叱咤し、何度も討って出ては頑強に抵抗している。「者ども死ねや死ね！、死ぬ時は今ぞ！」「×××××汚なし、退《ひ》くな！退くな！」しかし、いかんせん。わずか一千名、盛政隊七千には抗すべくもなく、次第に討ちとられる者が数を増してゆく。

陣屋の宿舎に火が放たれ、燃えあがった時にはもう戦いも結着がついていた。清秀が壮烈な討ち死にをして、巳の刻（午前十時）にはこの戦いは終わっていた（『秀吉軍記』）。

勢いに乗った盛政軍は岩崎山の高山重友隊にも攻めかかる。高山隊は砦を捨てて田上山麓の秀長隊へと逃げ込む。賤ヶ岳の桑山重晴（丹羽長秀家老）勢も柴田勝政らに攻め立てられ砦も危ない。が、苦戦を知り、近くの琵琶湖岸塩津にいた丹羽長秀隊が急遽駆け付けたので、賤ヶ岳砦の陥落はまぬがれた。

一方、大岩山にいた盛政は得意満面だった。山頂で勝鬨をあげた後、勝家のもとへ中川清秀の首を届けた。柴田勝家からはすぐに指令がくる。

「長居は無用、直ちに大岩山を引き揚げるのだ」

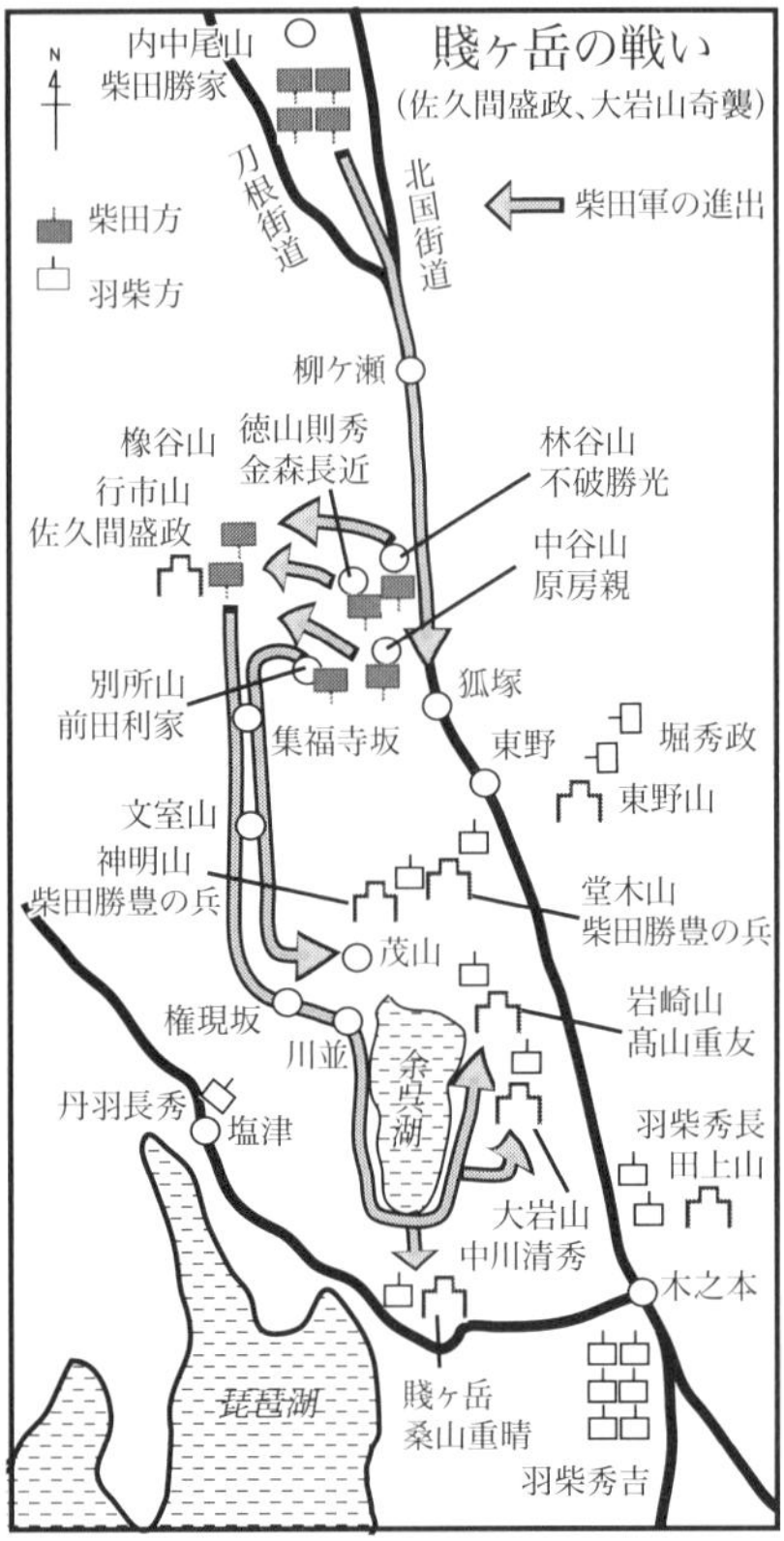

盛政は言うことを聞かない。「何を言っているのだ、伯父御は。戦況は完全に変わったのだ。大岩山、岩崎山がすぐに陥ち、敵方陣営のど真ん中が占領されているのだ。秀吉は居な

い。勝家本隊が動けば木之本の本陣を崩すことができる」

勝家としては本軍を引き連れ北国街道を南下して木之本の本陣を突くにしても、途中東野山、堂木山、神明山の第一防衛戦を突破しなければならない。そこには土塁が築かれ、鉄砲隊で固められている。突破できたとしても田上山には羽柴秀長の軍勢六千が待ち構えている。さらに木之本での万を超す大軍と対決となると、敵の前後に挟まれて身動きできなくなる。

勝家は盛政に狐塚から六度にわたって撤退勧告を発したという。しかし、勝利に酔い痴れた盛政は勝家の撤退命令を無視した。

「伯父御は何をしているのだ。戦機は逃すべきではない。今がそのチャンスなのだ。秀吉が岐阜からひき返してくるにしても三日はかゝる。帰って来ても疲労ですぐには戦場のつかいものにはならない」

盛政は「我が伯父御は老いたり」と一笑に付し、大岩山を引き揚げようとしなかった。

賤ヶ岳の戦い　（その２）

一

大垣城にいた秀吉は「大岩山陥落」の報告を秀長の使いの者から受けた。四月二十日の午《うま》の刻《こく》（正午）を大部過ぎた頃であった。

「中川清秀は死んだか、惜しい男を……。で、佐久間盛政はどこにいる」

「はっ。大岩山におります」

「何、大岩山にか。よし、これで勝った、急ぎ木之本へ戻るぞ」

それからの秀吉の行動はすばやかった。

「木之本までの村々にひと足早く早飛脚（伝令）を立てて触れよ。沿道の村人には米一升を炊いて握り飯を出させよ。長浜以北の村々には夜にかかるだろうから松明《たいまつ》も用意させよ。馬の飼葉も用意させよ。替えの草鞋も束にして集めさせよ。かかった費用は十倍返しとする」

秀吉は一万五千の兵を率いて木之本へと走らせた。この大返しには中国大返しを大いに参考にした。大垣城主氏家直通へは己が軍勢から五千騎を与え、信孝勢への備えとして置いた。

「走れや走れ、ただただ走れ」

「急げや急げ、ただただ急げ」

秀吉はそう叫んでいた。どこかで同じようなことを叫んで部下を走らせていたことを思いだしながら……。

二十日申《さる》の刻（午後四時）には大垣を出発し、垂井《たるい》、関ヶ原、藤川、春照《すいじょう》と各宿場を過ぎ、小谷山の麓ではもう夜に入っていたが、戌《いぬ》の下刻（午後九時）には先陣の騎馬兵二千が木之本に到着していた。

大垣から木之本までは約十三里（五二キロ）であるから、秀吉軍の先陣はわずか五時間で駆け抜けたことになる。秀吉は途中、馬二頭ものりつぶしたという。

木之本本陣に着くと秀吉は「明払暁、攻撃を開始する。それまで眠っておけ。松明はできるだけ燃やし続けよ」と命令を下すと田上山に向かい、秀長と会って大岩山の敵陣を遠望した。

大岩山にいた佐久間盛政は暗中、北国脇街道に延々と連なる松明の火を見て驚いた。余呉湖南端鉢峰にいた友軍からも「秀吉軍があらわれました。街道には松明の光の帯が見えます」との報告が入った。斥候を木之本に放ち探らせてみると、間違いなく秀吉本軍である。柴田軍は恐怖に駆られた。うかうかすると秀吉の大軍に囲まれてしまう。子の刻（午前0時）、月の出を待って盛政は余呉湖撤退を命じた。柴田軍は湖岸のもと来た道を西方へと返すことになる。月が出たと言っても二十日余りの細く痩せた下弦の月、足元は暗く撤退は捗らない。

二十一日寅の刻(午前四時)、秀吉軍は退却する佐久間盛政隊の後尾につき追撃していく。秀長軍も加わって二万もの軍勢である。

賤ヶ岳砦の北西二町ほどのところに切り通しがある。そこに待機していた柴田勝政隊は盛政隊を援護しつゝ、盛政隊と合体しようと湖岸へと降りてゆく。

その機をねらって、賤ヶ岳に来ていた秀吉は眼下の勝政隊に向け、突撃を命じた。「手柄を立てるのは今ぞ。我と思わんものはかかれ、かかれ!高名をあげよ!」、秀吉の子飼いの馬廻り衆はここぞとばかり勇み立ち、攻撃をしかける。

福島正則が拝郷家嘉(加賀大聖寺城主)という剛の者を討ち取った。これが一番首とされている。加藤清正は山路将監正国と組み討ちし、斜面を転げながら首級をあげた。糟屋《かすや》武則は宿屋左衛門を討ち、片桐且元は安彦弥五右衛門を、脇坂安治は水野助兵衛を、平野長泰は小原新七、松村友十郎二人の首を、加藤嘉明もまた自慢の槍で存分に活躍した。

合戦後、正則、清正、武則、且元、安治、長泰、嘉明は「賤ヶ岳七本槍」として世に喧伝されるようになった。この賤ヶ岳の活躍で、いずれも当時二百石ほどの知行であった秀吉近習たちは戦後、正則の場合は五千石、あとの六人は三千石の加増を受けている。

勝政隊の先を行く盛政隊は西湖岸を撤退し、川並の集落から権現坂へと登っていった。勝政隊は盛政隊殿軍《しんがり》を努め盛政隊主軍に合体すべく権現坂へと向かう。追撃されては戻って押し返し、また退却する。勝政隊には疲労の色が濃かった。特に賤ヶ岳切り通しでは陣営の被害は大きかった。追撃軍は賤ヶ岳にいた丹羽長秀の軍も加わっている。

勝政隊はうるさくつきまとう追走軍を振り払い、ようやくその権現坂へとたどりついた。

ここで盛政軍と、さらに近くの茂山にいる利家軍と一体となり反撃をと思っていたところへ、柴田軍の眼前に突然意外なことが起こった。

というのは、茂山に陣取っていて盛政、勝政隊の援軍に当たるはずの前田利家父子の軍が突然その陣地を放棄し、権現坂を塩津方面へと退却してゆくのである。寝返りである。退却して来る盛政軍・勝政軍に割って入っての寝返りである。敵前逃亡である。

これを見た前田軍の金森長近・不破勝光隊、徳山則秀隊も後続する。これらの隊も利家隊同様、当初からあまり戦意は見られなかった。疲労困憊の盛政・勝政隊もこの裏崩れを見て、戦意喪失となる。「裏崩れ」とは後方の後詰めが雪崩のように崩れてゆく最悪の事態をさす。

盛政、勝政軍は潰滅状態に陥り、北は峰伝いに行市山、柳ヶ瀬方面へ、西は坂を下り塩津、海津方面へと潰走する。われ先にと乱れながらの逃走劇がはじまった。ここで勝政は乱軍に巻き込まれ討ち死にしている。秀吉軍は思うがままに逃走軍を追撃した。そして北方、峰伝いに追撃していた軍は集福寺坂で追撃中止を命じられた。時に巳《み》の刻（午前十時）であった。

ところでこの利家突然の寝返りについては『川角太閤記』に興味深い話を載せている。「秀吉は一百姓に秀吉の手の者を付けて、茂山にいる前田利家へ遣わされた。その言に曰く『合戦になりましたなら、（柴田を）裏切っていただきたい。かねてよりお心の中を存じておりますから、はっきりとは裏切りをすることはなされまいから、合戦におかまいなきことは裏切りと同じでございますから、そのお心得でいて下さい』利家からの言は『御意の如く裏切りはお許し下さい。外聞が悪うございます。明日の合戦がここであるのならば、お指図の通り、双方にかまい申すことはいたしません』」

結果的に利家は双方へかかわることは、しなかったわけであるが、しかし、これは実質裏切りと同じ行為であろう。

この利家の内通は、前年十一月三日に勝家の使いとして金森長近、不破勝光とともに山崎の宝寺城を訪問したころに約束されていた、という説もある。

秀吉軍は集福寺坂から右手に山中を降り、池原から新堂を経て柴田勝家本隊のいる狐塚へと向かって行った。

狐塚の勝家陣では秀吉軍の動きは勝家本隊の側背を衝《つ》く動きに見え、逃走する兵が続出していた。狐塚からは茂山、権現坂や文室《ふむろ》山、集福寺坂の峰筋が遠望され、その幟・指物の動きから、彼我の勝敗も知られていた。

勝家軍には実は昨夜の秀吉軍の美濃大返しを知った時点で動揺が広がり、闇にまぎれて逃亡する者も出ていた。それも昼近くになって秀吉軍が集福寺坂から迫って来るに及んで、七千の軍勢は三千ほどに減っていた。

北国街道筋に田上山から羽柴秀長軍が大挙狐塚へ押し寄せ、東野山の堀秀政軍も山を降り狐塚へ、それに堂木山、神明山の木下一元隊、木村隼人隊も加わるに及び、勝家隊は算を乱して北国街道を柳ヶ瀬へ、あるいは刀根街道を敦賀方面へと退却してゆく。

勝家は三千を率いて秀吉と決戦しようとした。しかし、近臣たちはみなこれを諫止《かんし》し、いちど越前へ帰国し再起を図るよう進言した。毛受《めんじゅ》勝照が勝家の馬印である金の御幣を持って身代わりを申し出る。

「殿っ、ここで名も知れぬ者の手にかかっては後世に悔いを残しまする。殿の馬印を拙者に……」

勝照は勝家小姓頭で一万石の禄を得ている者である。勝家もみなの意見に従わざるを得

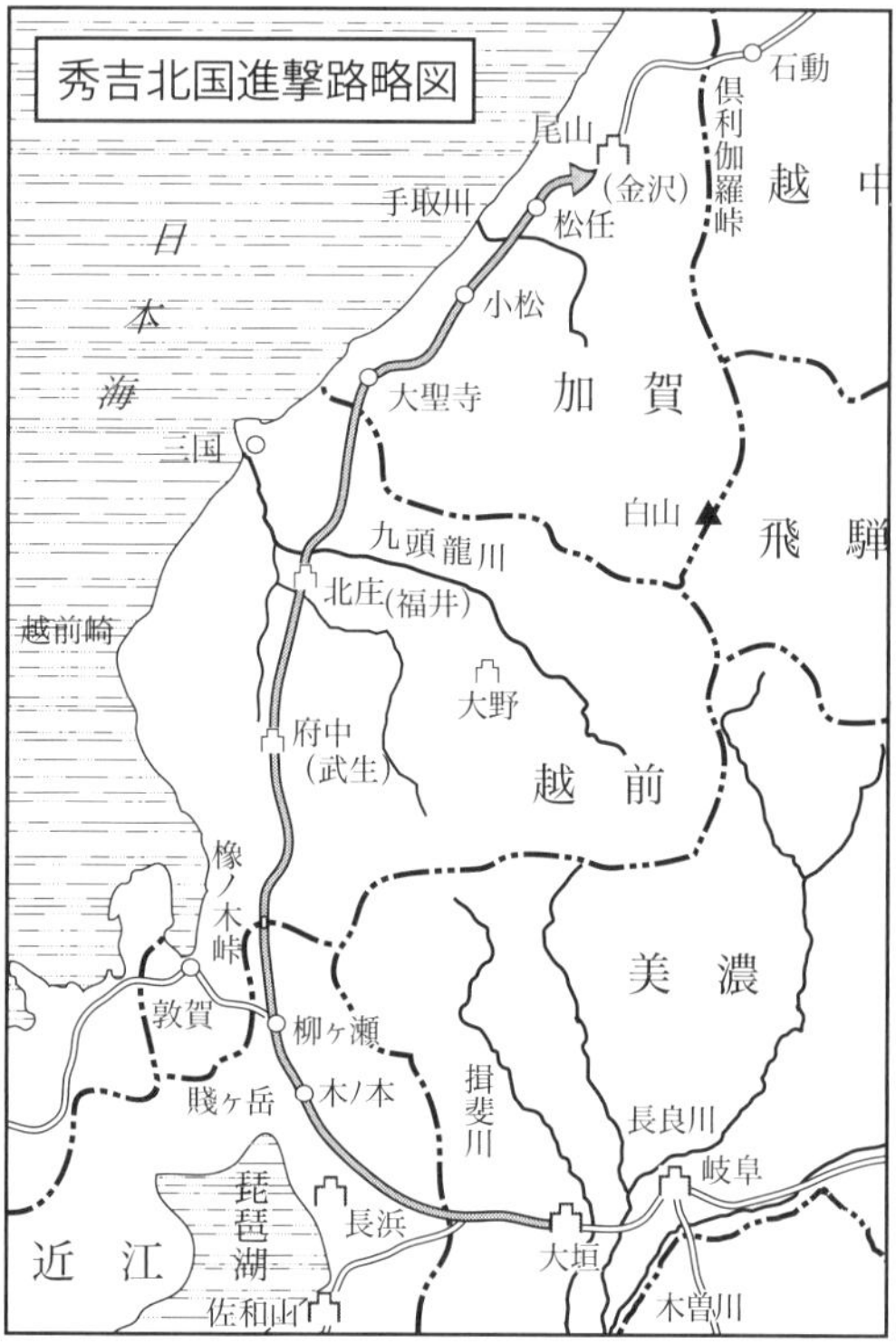

なかった。

　毛受勝照は金の御幣を持ち十町ほど南、林谷山の不破勝光のいた砦に入り、勝家の退却を助けて奮戦した。追撃していた堀秀政隊は金の御幣を勝家と誤認して林谷の砦に迫る。勝照はここで壮烈な戦死を遂げた。未《ひつじ》の刻（午後二時）であった。

　狐塚を離脱した勝家は北国街道を北の庄（福井）めざして奔った。百余騎ほどの馬廻りを連れて敗走してゆく。

　途中、勝家は橡の木峠を越えて越前に入り、今の庄を経て府中（武生）に入る。府中城は利家の属城で、子息利長が守将となって入っていた。その府中城に前田利家父子が先に逃げのびていた。

勝家は府中城に立ち寄る。

「勝家が少人数を引き連れ、退いて来ました」

大手門番衆からの報告に、利家は城門まで迎えに出る。

「この度は何とも申しあげようもなき次第……」利家の表情は強張っている。

「いやいや、勝敗は時の運。貴殿にはご苦労をかけてしまい、申し訳なかった」

ここで勝家は利家を恨むふうもなく、それどころか利家の労を謝し、ただ湯漬け一杯と替え馬一頭を所望した。

そして次のような言葉を残して、北の庄へと去って行った。

「そなたは秀吉と仲がいい。わしの運命かくの如くなっては何ら報いることはできないが、そなたは今後秀吉を頼むようにしてゆかれるがよいであろう」

事実、秀吉と利家は仲がよかった。清洲城下では隣り合って長屋住まいをしていた。「藤吉郎」「又左」と呼び合う仲間であった。利家夫人のお松の方は秀吉夫人寧々の方とも親しかった。また両家は親戚関係でもあった。利家の四女お豪は生まれて間もなく秀吉の養女となっている。

——それから今度は羽柴秀吉が府中城にやって来た。二十一日の夜は今の庄に宿陣していたので、二十二日朝のことになる。

ここでもう一度『川角太閤記』を頼ることにしよう。

『一、又左衛門（利家）の考えでは、（自分は）裏切りを確かに行い……秀吉もご満足とお思いになるはずなのに、そのようなことはなかった。（これでは自分も危ない）まず、城の総構えに鉄砲を配置せよ」と言って、子息の孫四郎殿（利長）が出られて、そこそこに鉄砲の配置をして、今か今かと待っていたのである。

一、秀吉は勢いに乗って押し寄せ、城のそばへ御先手の者が近付いたところに、総構えより鉄砲をきびしく撃ちかけた。秀吉はこれをご覧になって、先手の手勢を三町ばかり引き退かせ、備えを立てないで、ただ手勢をそのままに置いて「皆々、下におれよ。休めよ」と下知なさり、ことが静まって御馬の口取は一人もなく、御馬印一つが前方へ十間ばかり隔てて、ただ一騎であの総構えまで御馬を近付けなされた。内から見ると、まさしく馬印である。馬上は一騎である。

一、秀吉は、ごく近くまで御馬を寄せられ、御腰から采を抜き出し、「わしは筑前守ぞや。見知っているか。鉄砲を撃つな、撃つな」と仰せられたので、内からは皆見知り奉っている人が多かった。それから「鉄砲を撃ってはならぬ」と堅く下知したのであった』

文中「鉄砲をきびしく撃ちかけた」とあるが、これは秀吉の意中を探るための空砲であろう。相手の人命をねらってのそれではない。だから一人の死傷者も出ていないのである。しかし、秀吉も一瞬、この鉄砲の音にあわてたことであろう。

それからの秀吉は大手門まで馬を乗りつける。門の番衆二人が扉を押し開く。

利家父子も城門まで迎えに出られた。

「ここまでのお出で、かたじけのうござりまする」

「いやいや、今度の決戦ではそなたの味方により勝つことが出来た。お礼を申す」と秀吉は利家の手を握られた。

奥の部屋に向かう途中で、利家の妻お松の方が迎えに出られた。

「久しくお目にかかりませんでしたが、ここまでおいでになり、思いがけなくお目にかかりました。ご合戦も首尾良く勝つことが出来まして、女の身からしましてもまことにおめでとうございます」

「いえいえ、これは利家殿に勝たせてもらったようなもの。感謝しております」

それから秀吉は「播磨（姫路）にいるお豪も一段と成人いたしましたよ」とお松の心を和らげるようなやさしい言葉を告げている。

「ところで北の庄へと急いでおりますので湯漬けがございましたらいただきたい」

秀吉は奥書院でそれをさらさらとかき込むと、

「お松殿よ、利家は戦上手なのでお借りしていきたい」

「それはもうお心のままに……」

こうして秀吉・利家の二人は勝家のいる北の庄城へと馬を進めた。府中城へは堀秀政隊を残した。

翌二十三日、秀吉は利家とともに足羽川を渡って北の庄に迫った。相手方に降伏した者はその先陣を努めるのが戦時の習いである。

秀吉はその日、勝家の本拠地北の庄城を三万の軍勢で二重三重に取り囲んだ。北の庄城は府中の北五里（二〇キロ）のところにあり、天守は七層九階の壮麗なものであった。

　利家は勝家に人質として娘おまあ（三女）を差し出していた。賤ヶ岳の戦いに向けての直前のことである。そのおまあは勝家の命により城外に脱出していた。勝家が「府中に帰れ」と城を出してくれたのだという。利家は泣いた。

　その夜、勝家は妻子および家臣八十余人を天守に集め、訣別の宴を開いた。

　翌二十四日寅の刻（午前四時）から本丸へ攻撃がはじまった。旗指物をかかげた天守には精兵二百が立て籠もった。しかし、多勢に無勢、勝敗は目に見えている。

　勝家の室お市は勝家から「そなたは三人の娘を連れて落ちのびよ」と言われたが、「私にはあなただけなのです。一緒に死んでくれと言って下さい」と泣きすがってそれを拒んだ。浅井長政とお市の間に儲けられた三人の娘（茶々、はつ、こごう）も「母上と一緒に」と泣いて頼んだ。結局三人の娘だけが秀吉のもとに送り出された。その長女が十三歳のお茶々である。はつは十一歳、こごうは九歳であった。

　勝家はその後、妻お市を刺し殺し、自らは十字切りで切腹した。勝家六十一歳、お市三十七歳の一期であった。勝家の介錯をしたのは重臣中村文荷斎であった。天守閣は文荷斎が火薬に火を投じ、勝家の一類はここに尽く亡んだ。殉死する者、八十余人であったという。時に二十四日申《さる》の下刻（午後五時）であった。

秀吉周囲には勝家の生命を助けるよう忠告する者もいたが、秀吉は「それは池辺に毒蛇を放ち、庭前に虎を養うようなものだ」と言って拒否したという（『天正記』）。天下人へ向かって前進する秀吉にとって、勝家はやはり、葬り去らねばならない相手だったのである。

勝家の最後について『毛利家文書』はこう伝えている。

「修理（勝家）も日ごろ武篇を仕付けたる武士にて（候）条、七度まで切りて出候といえども、相禦ぐことかなわず、天守の九重目の上へ罷り上り、総軍勢に向かい、修理が腹の切り様を見申して後学に仕り候へと申し付けて、心もある侍は涙をこぼし、鎧の袖をひたし候」、秀吉の毛利家へ伝えた文面であろう。

二

四月二十五日、北の庄を陥した秀吉は勝家支配下にあった加賀（石川）に入る。

加賀は大聖寺城に拝郷家嘉、小松城に村上義明、松任城に徳山則秀、尾山城（金沢）に佐久間盛政の諸将が入っていたのであるが、拝郷家嘉は賤ヶ岳で討死、村上義明は無条件降伏、徳山則秀も越前府中で前田利家とともに降伏、佐久間盛政は賤ヶ岳の陣で行方不明となり、結局秀吉は一日で加賀を無血征服している。

能登は七尾城主前田利家がすでに越前府中で秀吉に降伏しているので、北陸の旧織田勢力圏で残るは越中富山の城主佐々成政ただ一人である。成政は秀吉軍を迎撃するために富山城に軍勢を集結させていた。

信長時代の北陸方面司令官は柴田勝家であるが、佐々成政はその副司令官格で越中を任され柴田勝家を助けていた。勝家は江北（賤ヶ岳）で秀吉軍と対決するに当たって、成政を越後の上杉景勝への備えとして残留させていたのである。

秀吉は早くも一月頃から上杉景勝と和解の道を探っていた。交渉は秀吉側から石田三成、上杉側から直江兼続《かねつぐ》が当たり、どちらも若き知将である。

秀吉と上杉景勝との和睦が成立したらしいという情報を四月二十五日に得た佐々成政は愕然とした。これでは越前・加賀からの秀吉軍と背後からの上杉軍に挟撃されてしまう。

成政は秀吉に単独で会うことにした。全面降伏である。

成政はわずかな近習を引き連れすぐに富山城を発ち、秀吉のいる尾山城へ馬を走らせた。

「おう、これはこれは……」と秀吉は成政を引見する。かつて清洲時代、織田家累代の重臣佐々成政が木下藤吉郎といった秀吉を下僚としてこき使っていたことがある。秀吉の面前でがばと平伏した成政は屈辱で顔をあげられないほどであった。

秀吉としては有能な家臣を必要としていた。前田利家然り、佐々成政然りである。

「佐々殿、よく参られた。秀吉、悪いようにはせぬ。越中一国は従前通りそなたに任せよう」

佐々成政は秀吉と一度も干戈を交えたこともない。秀吉はかつての成政の下僚であり、同僚でもある。成政は一命を保証され、本領も安堵された。この日から成政は人質を出し秀吉の麾下に入る。

この尾山城滞在中に越後の上杉景勝が人質を差し出し帰順してきた。これで秀吉は天下人への階梯を一段また昇ることになる。

五月一日、秀吉は尾山城から北の庄城に帰り、論功行賞を行った。

北の庄には丹羽長秀を入れ、若狭・越前と加賀の南半分を与えた。北陸での最高の地位である。小松にはそのまま村上義明を入れ、大聖寺は溝口秀勝に与え、義明・秀勝は長秀の配下に入った。前田利家には能登のほかに加賀の北部石川・河北両郡を与え尾山城に入れた。尾山城は佐久間盛政の旧城である。利家長子利長は府中から松任城に、松任城の徳山則秀は利家の麾下に入った。また、秀吉は美濃を池田恒興に与え、信雄には伊勢伊賀の所領を加増した。

なお、賤ヶ岳の戦い二日後の四月二十三日、滝川一益、織田信孝は秀吉のもとへ全面降伏の使者を送った。秀吉は「何を今さら……」と二人の降伏を認めず、一益は伊勢桑名城から逃れ行方不明となり、信孝は岐阜城で悶々としていた。

信孝は勝家が賤ヶ岳で敗れ、北の庄へ逃げ帰ったという報告を受けた時、それでもまだ「勝家は必ず巻き返す。越前府中には前田利家が、越中には佐々成政がいるじゃないか」と強気な姿勢でいたが、「勝家、北の庄に死す」との情報が入った時、さすがに落ち込んでしまった。

四月三十日、秀吉の使者増田長盛が織田信雄のもとへおもむき、「織田信孝は織田家当主織田秀信君（三法師）に再度の謀叛をし、もはや許されぬ。三法師秀信の名によって信孝殿に切腹を……」と伝えた。

五月一日、信雄は岐阜城に使いを出し、織田秀信名で信孝に切腹を命じた。岐阜城中では逃亡者が相次ぎ、最後に残ったのは二・三十名ほどだったという。

信孝の家中は信孝をその日のうちに知多郡内海の大御堂寺に移し謹慎させていたが、五月二日夕刻、信孝は切腹して果てた。秀吉への恨みの一首を残して。

むかしより主を内海の野間なれば
　　うらみをみよや羽柴筑前

尾張野間の内海は平治の乱の後、尾張まで落ちのびた源氏の嫡流源義朝が平忠致《ただむね》に謀殺された場所である。信孝は自身を源義朝に、秀吉を忠致になぞらえて己が無念をこの歌に託したのであろう。「内海」は「討つ身」と掛詞《かけことば》になっていて、凄まじいばかりの辞世の句である。信孝享年二十六歳。信長三男はこうしてこの世を去った。

五月七日、戦後処理を終えた秀吉は長浜、安土をへて十一日坂本城へ入り、さらに論功行賞を行った。

翌日、越前で捕らわれていた佐久間盛政が洛中引廻しの上、山城槙島で斬られる。盛政の場合は賤ヶ岳の戦場で傷つき主従三名敦賀の山中に逃れた。途中、農家に立ち寄って食を求めたところを恩賞目当ての百姓たちに捕らえられたのである。

盛政は百姓に首を討たれることを恥じ、「殺すな、我を生けどって秀吉の前に連れて行け。さすれば恩賞さらに大きいであろう」と言った。

秀吉はこの男の豪勇さを愛していた。目の前に連れ出された盛政に、「筑前守に仕える気はないか、一国くらいはやろう」と言うと盛政は即座に拒絶し、「勝家の言を聴かなかったのは自分の一期の過ち、勝家亡き後、生きる望みはない。早く頭を刎ねよ」と傲然と答え、結局、後日槙島で首を打たれた。

さらにもう一人。滝川一益の場合はどうか。一益は賤ヶ岳の戦いの後伊勢桑名城から姿をくらましていたが、その後、伊勢の本拠長島城に居た。秀吉麾下の軍勢に囲まれていたが、八月一日、もはや抵抗しがたいとさとった一益は北伊勢五郡をさし出し秀吉に降伏した。秀吉は越前大野に隠居させ、五千石を給じその命を宥《ゆ》るした。

終　章　（大坂築城）

一

賤ヶ岳の戦いで柴田勝家が亡び、その戦後処理としての論功行賞は秀吉の独断でおこなわれた。

秀吉が「天下一統」の意識をもつようになったのはこの時期辺りであろう。織田勢力圏はほぼ秀吉のものとなっているのである。毛利、上杉も秀吉に人質を送っており、敵対勢力ではなくなっていた。

秀吉は天正十一年五月十五日付で中国の小早川隆景に宛てた書状の中で、こう豪語している。

「東国は氏政、北国は景勝まで、筑前覚悟にまかせ候。毛利右馬頭殿（輝元）、秀吉存分しだいに御覚悟なされ候えば、日本の治め、頼朝以来、これにはいかでかまさるべく候や」

（東国は北条氏政、北国は上杉景勝に至るまで、その存廃は筑前（秀吉）の判断にかかっている。毛利輝元殿も、秀吉の支配を受けるべきだと覚悟されたならば、日本の統治は源頼朝以来これにまさることがあろうか」と。

そして末文は堂々とこう言い切っている。

「よくよくご分別ありて、秀吉（の）腹を立てざるよう御覚悟尤《もっと》もに候」

一年ほど前の備中高松攻めの時には国境は明確には確定されていなかった。そういう状況の中で秀吉は中国大返しに移ったのである。

それから一年経って、秀吉はあからさまに毛利側を威嚇している。

書状の主旨は「（これから毛利の領地へ兵をつかわすが、国境確定その他）毛利側にはよくよく分別して、儂が腹を立てないようにしてくださいよ」というのである。

秀吉が信長の夢見た「天下布武（天下に武を布《し》く）――世を鎮め、民を富ます――』が実現できると確信したのは多分この頃のことであろう。

それを諸国諸大名に知らしめるためにも、秀吉は大城郭を築く必要があった。

「山城の城も手狭である。大坂に安土城を越える天下城を築城しよう」と考えるようになっているのはその証左の一つである。

秀吉は天正十一年九月一日から摂津の大坂石山本願寺の城跡に巨大な城を築きはじめた。そのために三十余ヵ国の大名が賦役に動員され、城下にはわずか四十日間で二千五百を越える家屋も建てられた（フロイス『日本史』）。

石山は清洲会議で池田恒興の領地になっている。恒興は本願寺退居のあとのその大坂城を秀吉に渡し大垣城に、その長子元助は岐阜城、次男の輝政は同じ美濃の池尾城に移った。もちろん秀吉の意向である。

城地は東西水陸の要衝の地である。瀬戸内海の東端に位置し、海運の便は言うまでもない。淀川をさかのぼれば京へ、そして近江の琵琶湖にまで至る。

『信長公記』には、「そもそも大坂は日本一の土地である。というのは、奈良、堺、京都に近く、ことさら淀、鳥羽より大坂の城戸口まで舟が直接通じており、日本の地は申すに及ばず、唐土、高麗、南蛮の船が海上に出入りし、五畿内七道ここに集まり売買利潤をあげ、まことに富貴な港である」と記されている。

賤ヶ岳の合戦に勝利すると、秀吉は早速ここに政治的本拠を据え、大都市大坂の基盤を築いてゆく。大坂築城の総奉行は黒田孝高、奉行は浅野長政と増田長盛が担当。
こうして秀吉は信長の天下布武の政策を推しすすめ、「天下統一」へと向かって行くのである。
ここで賤ヶ岳の戦い後における羽柴秀吉、徳川家康、織田信雄それぞれの勢力圏をまとめてみよう。

（羽柴秀吉勢力圏）
山城（23）、大和（45）、河内（24）、和泉（14）、摂津（36）、志摩（2）、飛騨（4）、美濃（54）、近江（78）、若狭（9）、越前（45）、加賀（36）、能登（21）、越中（38）、丹波（23）、丹後（11）、但馬（11）、因幡（9）、播磨（36）、備前（22）、淡路（6）、美作（19）、備中（半国・9）、伯耆（半国・5）
（以上二十三ヵ国、約五八〇万石）

（徳川家康勢力圏）
三河（29）、遠江（26）、駿河（15）、甲斐（23）、信濃（41）
（以上五ヵ国、約一三四万石）

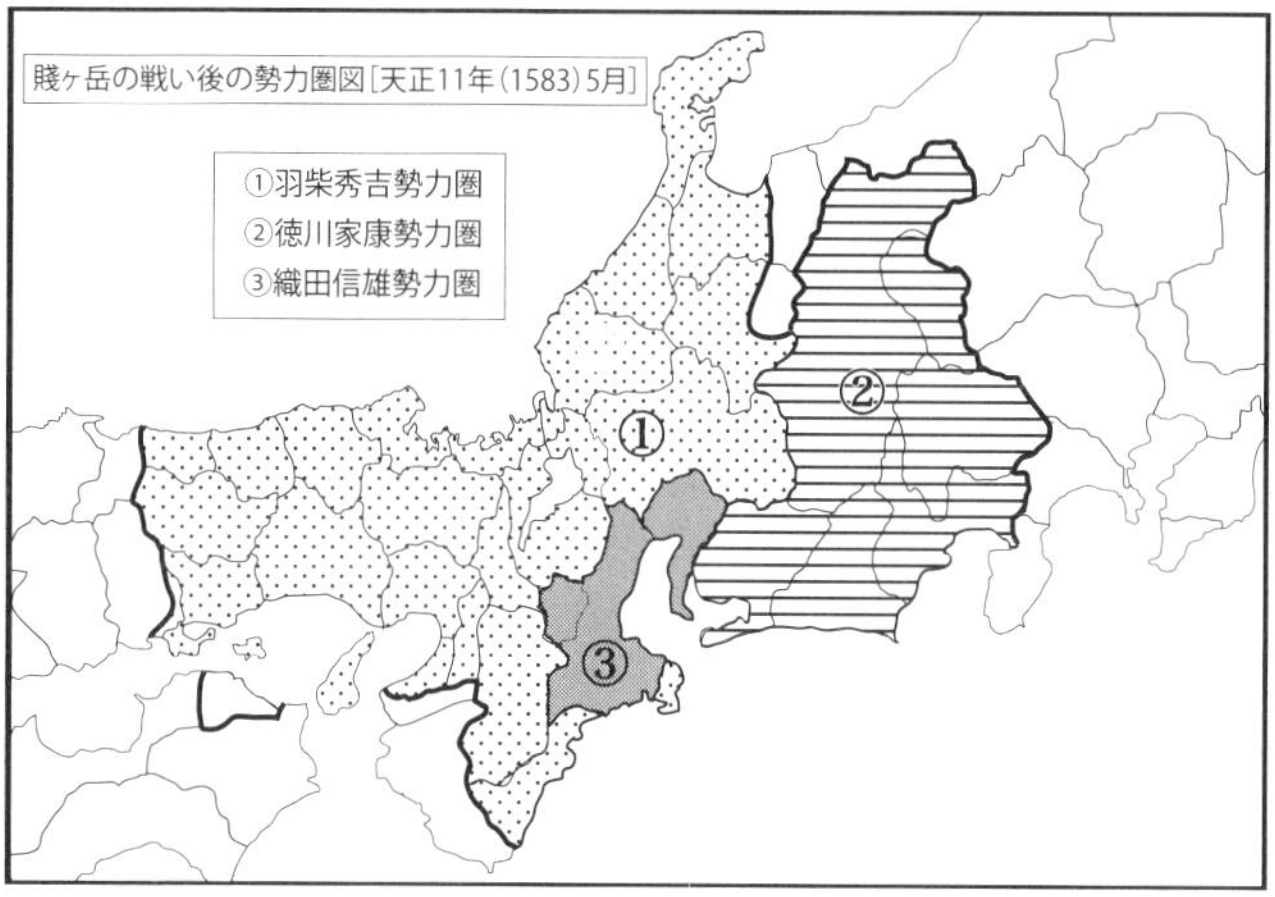

（織田信雄勢力圏）

尾張（５７）、伊勢（５７）、伊賀（１０）

（以上三カ国、約一二四万石）

国名の（　）の数字は慶長三年（一五九八年）における石高（万石）を示している。『図説戦国地図帳』（学習研究社、二〇〇三年）による。

なお、織田信長生前の信長領国は実質支配していたと言える家康の領国を含め三十ヵ国、約八百五十三万石であるから（ｐ２４参照）、秀吉に比べてだいぶ多い。しかしそれは家康の領知する三国（三河、遠江、駿河）を含めてであって、それを除くと信長自身の領国は七百八十三万石となる。

信長領国　二十七ヵ国　七八三万石（家康領国

を除く）

秀吉領国　二十三ヵ国　五八〇万石

こうしてみると、天正十一年五月の時点で秀吉の領国は信長のそれにだいぶ近づいていることがわかる。北陸の柴田勢を勢力圏にすることにより、秀吉は全国制覇に大いに自信を深めるようになるのもうなづける。秀吉が信長亡き一年後に、信長の後継者として意識をもつようになるのはそういうことによる。

天正十二年八月八日、秀吉はその新亭の大坂城に正式に入城した。地上六階地下二階、八重の天守閣の完成はそれから間もなくの天正十三年一、二月頃である。

ポルトガル人宣教師ルイス・フロイスは、「（大坂城は）織田信長が自らの豪壮偉大さを大いに発揮しようとした安土山の全建築と比べものにならないほど凌駕するもの」であったとし、「とりわけ天守閣は遠くから望見できる建物で、大いなる華麗さと宏壮さを誇示していた」と、その著『日本史』の中で書き述べている。大坂城の豪華絢爛さはかつての信長の安土城をはるかにしのいでいたのである。

かくして秀吉は天下の政を大坂を拠点に左右するようになる。天下の支配者としての行動をとるようになるのである。

最後にその後の秀吉の動向について簡略に述べ、この『戦国史記』の筆を擱くことにする。

天正十三年（一五八五）三月、紀伊国平定。

　七月、秀吉、関白に叙任（秀吉政権、ここに名実ともに確立）。

　八月、四国平定。

天正十四年十二月、秀吉太政大臣となり、朝廷より豊臣姓を受く。

天正十五年五月、九州平定。

天正十八年七月、北条氏直、秀吉の軍門に降り小田原開城。ここに「天下統一」成る。

天正十九年八月、奥州平定。

　十二月、関白を養子秀次に譲り「太閤」を称す。

文禄元年（一五九二）一月、秀吉、朝鮮・明への出兵を計り、諸将に出陣を命ず（文禄の役）。

文禄二年八月、秀吉次男秀頼誕生。

文禄四年七月、秀吉、関白秀次を高野山に追放、次いで七月十五日切腹を命ず。

慶長元年（一五九六）九月、秀吉、明の違約を怒り明使を追い返す。
慶長二年一月、秀吉、諸将に朝鮮再出征を命ず（慶長の役）。
慶長二年五月、伏見城竣工（天守閣成る）。
慶長三年三月、秀吉、醍醐寺で花見の宴を催す。
慶長三年八月十八日、豊臣秀吉伏見城に没す。六十二歳。

資料編

○関係略年譜

天正十年（一五八二）	四月　十四日、羽柴秀吉、備中高松城を攻囲する 四月二十一日、織田信長、甲斐より安土へ凱旋 五月　　八日、羽柴秀吉、高松城の周囲に堤防を築き、水攻めの作戦開始 五月　十七日、織田信長、明智光秀に秀吉救援を命じ、明智光秀は安土城から坂本城に帰城 五月二十六日、明智光秀、坂本城を出発し、丹波亀山城に入る 五月二十七日、明智光秀、戦勝祈願のため、愛宕山に参詣 五月二十八日、明智光秀、亀山の居城に帰る 五月二十九日、織田信長、安土 五月二十九日、織田信長、安土城を出発し、京都本能寺に入る 六月　　一日、夜、明智光秀、亀山城を出発、京へ向かう

六月　二日、午前五時、明智軍が本能寺を包囲、織田信長自刃（本能寺の変）。織田信忠二条御所に入り、明智軍これを攻めて信忠も自刃。明智光秀、同日夕刻坂本城へ帰る
六月　三日、夜、羽柴秀吉、本能寺の変を知る
六月　四日、羽柴秀吉、高松城に最後の降伏勧告。清水宗治切腹し開城。羽柴秀吉、毛利輝元と和議を結ぶ。先軍宇喜多秀家隊、午後八時高松を出発
六月　五日、午前二時第二軍羽柴秀吉隊高松を出発（中国大返し）。第三軍蜂須賀正勝隊、秀吉隊より遅れて高松を出発
六月　八日、夜、羽柴秀吉姫路に入る
六月　九日、秀吉軍約二万、姫路を発つ
六月　十日、明智光秀、洞ヶ峠で筒井順慶を待つがついに現れず
六月　十三日、羽柴秀吉軍（四万一千）、山崎で明智光秀軍（一万六千）と戦い、これを破る（山崎の戦い）
六月　十四日、未明、明智光秀、京都小栗栖で落武者狩りに遭い落命
六月　十五日、安土城焼失
六月二十七日、織田家の重臣、清洲城で会議（清洲会議）。秀忠嫡子三法師 秀信（三

	歳）を織田家の後継者とする 十月　十五日、羽柴秀吉、京都大徳寺で織田信長の葬儀を行う。葬儀後、柴田勝家と羽柴秀吉の対立深まる 十一月　二日、柴田勝家、長浜の柴田勝豊に命じて秀吉との和平を謀る 十二月　十一日、羽柴秀吉、長浜城を包囲。柴田勝豊降伏 十二月　二十日、羽柴秀吉、美濃岐阜城の織田信孝を降す
天正十一年（一五八三）	二月　十二日、羽柴秀吉、五万の軍勢で伊勢へ侵攻 三月　九日、柴田勝家、北の庄を出発近江へ 三月　十二日、羽柴秀吉、近江佐和山城に入る 柴田勝家軍（三万一千）、近江柳ヶ瀬に布陣 三月　十七日、羽柴秀吉軍（四万九千）、木之本に布陣 四月　十三日、滝川一益、織田信雄の属城今尾城を攻める 織田信孝、美濃岐阜城に兵を挙ぐ 四月　十六日、羽柴秀吉、二万騎を率い大垣へ 四月　二十日、佐久間盛政、大岩山の中川清秀を攻略。中川清秀討ち死 羽柴秀吉、一万五千騎を率い大垣より木之本へ戻る（美濃大返し）

	四月二十一日、羽柴秀吉軍が佐久間盛政軍を撃破。柴田勝家は狐塚で破れ越前へ敗走（賤ヶ岳の戦い） 四月二十二日、羽柴秀吉、府中城で前田利家と会見。利家、秀吉に降伏 四月二十三日、羽柴秀吉、越前北の庄に柴田勝家を攻める 四月二十四日、柴田勝家自刃 四月二十五日、羽柴秀吉、加賀に入る。加賀国を一日で無血征服。佐々成政、秀吉に降伏 五月　一日、羽柴秀吉、北の庄城で論功行賞を行う 五月　二日、織田信孝、尾張内海の大御堂寺で自刃 八月　一日、滝川一益、伊勢国北部五郡をさし出し秀吉に降伏 九月　一日、羽柴秀吉、大坂石山本願寺跡に大坂城の普請を開始
天正十二年 （一五八四）	（三月　六日、織田信雄、徳川家康と謀り津川義冬ら三家老を殺害、秀吉と絶つ） （三月二十一日、徳川家康、羽柴秀吉、ついに尾張で対決） （四月　九日、小牧・長久手の戦い） 八月　八日、羽柴秀吉、大坂城の新亭に映る （十一月　二日、織田信雄、秀吉と単独講和）

○　参考文献

（主な参考文献）
川澄太閤記（改訂史籍集覧第十九冊、一九〇一、臨川書店）
豊臣秀吉　鈴木良一（一九五四、岩波書店）
賤ヶ岳之戦　高柳光寿（一九五八、春秋社）
徳川家康　北島正元（一九六三、中央公論社）
日本の合戦第五〜七巻（一九六五、人物往来社）
改訂・信長公記　太田牛一（一九六五、新人物往来社）
日本の歴史第十二巻　林屋辰三郎（一九六六、中央公論社）
新書太閤記（一）〜（三）吉川英治（一九六七、講談社）
太閤記　小瀬甫庵（一九七一、新人物往来社）
明智光秀　桑田忠親（一九七三、新人物往来社）

戦国大名　小和田哲男（一九七八、教育社）
小瀬甫庵太閤記（一）～（四）吉田豊訳（一九七九、教育社）
信長公記上・下　榊山潤訳（一九八〇、教育社）
信長記上・下　小瀬甫庵（一九八一、現代思潮社）
異本豊臣秀吉（一）～（三）山岡荘八（一九八二、講談社））
現代視点織田信長（一九八三、旺文社）
日本大戦争第十三～十五巻　原康史（一九八三、東京スポーツ新聞社）
年表・日本歴史第四巻（一九八四、筑摩書房）
豊臣秀吉　小和田哲男（一九八五、中央公論社）
明智光秀　高柳光寿（一九八六、吉川弘文社）
織田信長　脇田修（一九八七、中央公論社）
武功夜話（一）～（四）吉田蒼生雄訳（一九八七、新人物往来社）
下天は夢か一～四　津本陽（一九八九、日本経済新聞社）
信長　堺屋太一（一九九一、プレジデント社）

武功夜話信長　加来耕三訳（一九九一、新人物往来社）
〃　秀吉　加来耕三訳（一九九二、新人物往来社）
豊臣秀吉　南條範夫（一九九二、徳間書店）
織田信長（一九九三、世界文化社）
豊臣秀吉（一九九三、世界文化社）
夢のまた夢一～五　津本陽（一九九三～九四、文芸春秋社）
新史太閤記　司馬遼太郎（一九九六、新潮社）
秀吉戦記　谷口克広（一九九六、集英社）
川澄太閤記　志村有弘訳（一九九六、熱誠社）
秀吉　上・中・下　堺屋太一（一九九六、日本放送出版協会）
佐々成政　郡順史（一九九六、ＰＨＰ研究所）
明智光秀　桜田晋也（一九九八、学陽書房）
日本史・信長編ⅠⅡⅢ　ルイス・フロイス、松田毅一・川崎桃太訳（二〇〇〇、中央公論社）

日本史・秀吉編ⅠⅡ　ルイス・フロイス、松田毅一・川崎桃太訳（二〇〇〇、中央公論社）
戦国人名辞典（二〇〇〇、新人物往来社）
佐久間盛政　楠戸義昭（二〇〇二、毎日新聞社）
本能寺の変　津本陽（二〇〇二、講談社）
戦国志　中野元（二〇〇三、株式会社G・B）
本能寺と信長　藤井学（二〇〇三、思文閣出版）
謎とき本能寺の変　藤田達生（二〇〇三、講談社）
「本能寺の変」本当の謎　円堂晃（二〇〇五、並木書店）
史伝前田利家　左方郁子（二〇〇七、角川書店）
「本能寺の変」はなぜ起こったか　津本陽（二〇〇七、角川書店）
賤ヶ岳　岡田秀文（二〇一〇、双葉社）
証言・本能寺の変　藤田達生（二〇一〇、八木書房）
本能寺の変・四二七年目の真実　明智憲三郎（二〇一〇、プレジデント社）
織田信長　桐野作人（二〇一一、新人物往来社）

天正壬午の乱　平山優（二〇一一、ＧＡＫＫＥＮ）
真説本能寺の変　上田滋（二〇一二、ＰＨＰ研究所）
織田信長　池上裕子（二〇一二、吉川弘文社）
群雲、賤ヶ岳へ　岳宏一郎（二〇一三、光文社）
信長の二十四時間　富樫倫太郎（二〇一三、ＮＨＫ出版）
真相「本能寺の変」浜田昭生（二〇一三、東洋出版）
明智光秀と本能寺の変　小和田哲男（二〇一四、ＰＨＰ研究所）
（雑誌など）
歴史読本　本能寺の変（一九八一、新人物往来社）
〃　怒濤・信長戦記（一九八二、〃　）
〃　織田信長の謎（一九八四、〃　）
〃　織田信長　真説本能寺の変（一九九二、〃　）
〃　織田信長家臣団（一九九三、〃　）

〃　「裏」本能寺の変の謎（一九九四、〃　）
〃　豊臣秀吉戦国制覇への道（一九九六、〃　）
別冊歴史読本　豊臣秀吉（一九七八、新人物往来社）
〃　明智光秀（一九八九、〃　）
〃　豊臣秀吉（一九八九、〃　）
〃　織田信長（一九九二、〃　）
〃　前田利家（二〇〇一、〃　）
〃　前田一族（二〇〇二、〃　）
〃　戦国合戦五〇（二〇〇三、〃　）
歴史と旅　山崎・賤ヶ岳の合戦（一九八三、秋田書店）
〃　「太閤記」秀吉戦記（一九九六、〃　）
歴史群像シリーズ　羽柴秀吉（一九八七、学習研究社）
〃　賤ヶ岳の戦い（一九八九、〃　）
〃　織田軍団（一九九〇、〃　）

〃　風雲信長記（一九九二、〃　）
〃　豪壮秀吉軍団（一九九二、〃　）
〃　豊臣秀吉（一九九六、〃　）
〃　織田信長（一九九六、〃　）
〃　戦国合戦大全上・下（二〇〇二、〃　）
〃　前田利家（二〇〇二、〃　）
歴史群像シリーズ　明智光秀（二〇〇二、学習研究社）
〃　図説・戦国地図帳（二〇〇三、〃　）
新歴史群像シリーズ　本能寺の変（二〇〇七、〃　）
太陽　織田信長（一九七八、平凡社）
別冊太陽　織田信長（二〇一二、〃　）

（史料など）

続群書類従（連歌部）
吉川家中并寺社文書

江系譜
明智軍記
秀吉事記
言経卿記
豊鏡
浅野考譜
細川忠興年功記
総見院殿追善記
天正記
毛利家文書
当代記
大日本史料
吉川家文書
兼見卿記

小早川家文書

日本戦史

あとがき

私は歴史の専門家ではない。文学の面では何冊か拙著を出版したことはあるが、歴史に関するそれはない。しかし、文学と歴史は密接な関係をもっている。文学に関心をもった者が歴史に関係するものを書いたとしても何も不思議はない。

この書は筆者の興味をもつ戦国時代の「風塵」(兵乱)について書いたものであり、史実においてはその一線からできるだけはずれないよう努めたつもりである。

何を書くか、どのように書くかはもの書きにとって永遠のテーマである。「本能寺から山崎、賤ヶ岳へ」、これは私にとって大変大きなテーマであるが、書きたいものを書く、というのはもの書きにとって本望であろう。

私は今、八十路にある。日本戦国史の一大変革期である本能寺の変、山崎の戦い、賤ヶ岳の戦いなどの実像に迫ってみたいというのは、私の若い頃からの夢であった。ここに一念発起し、あれやこれやと思いをめぐらしながら筆をすすめてきたわけであるが、振り返ってみるとこの四、五年自分にとっては実に充実した楽しい時間であった。

とまれこうまれ、ここまできた。もう矢は放たれたのである。あとは仕あげをごろうじろといきたいところであるが、これはどうであろうか。読者の反応を待つしかあるまい。

〈著者紹介〉

福地　順一（ふくち　じゅんいち）

略歴―1936 年青森県弘前市生まれ。
1959 年弘前大学文理学部文学科（国文学）卒業。東奥義塾高校（弘前）、函館中部高校、札幌南高校、函館東高校（校長）、札幌拓北高校（校長）など教員生活 38 年。後、札幌予備学院講師（漢文）8 年。
○日本ペンクラブ、日本歌曲振興会、日本作詞家協会会員。

著書―『風塵記』（1997）、『ベーシック漢文』（1999）、『杜甫・李白・白楽天―その詩と生涯―』（2007）、『津軽・抄』（2007）、『石川啄木と北海道―その人生・文学・時代―』（2013）、『あきらめの旅にしあれば』（2017）、ほか。

賞―第 5 回『文芸思潮』現代詩賞、第 14 回日本自費出版文化賞「詩歌部門賞」（『津軽・抄』）、第 21 回日本自費出版文化賞「大賞」（『石川啄木と北海道―その人生・文学・時代―』）、ほかに『日本ペンクラブ電子文芸館（詩歌部門）』に詩歌 5 編採録・掲載される。

戦国史記
風塵記・抄
―本能寺から山崎、賤ヶ岳へ―

定価（本体1500円+税）

乱丁・落丁はお取り替えします。

2021年 4月 14日初版第1刷印刷
2021年 4月 20日初版第1刷発行
著　者　福地順一
発行者　百瀬精一
発行所　鳥影社 (www.choeisha.com)
〒160-0023 東京都新宿区西新宿3-5-12トーカン新宿7F
電話 03-5948-6470, FAX 0120-586-771
〒392-0012 長野県諏訪市四賀229-1（本社・編集室）
電話 0266-53-2903, FAX 0266-58-6771
印刷・製本　シナノ印刷

ISBN978-4-86265-885-2 C0021